Le temps des victimes

Caroline Eliacheff
Daniel Soulez Larivière

Le temps des victimes

Albin Michel

« Résister au bonheur, la plupart y arrivent ; le malheur, lui, est insidieux. Y avez-vous goûté ? Vous n'en serez jamais rassasiés, vous le rechercherez avec avidité et de préférence là où il n'est pas… »

Cioran

« Tout fait quelconque de l'homme qui cause à autrui un dommage oblige celui par la faute duquel il est arrivé à le réparer. »

Article 1382 du Code civil

Avant-propos

Pourquoi les victimes occupent-elles une telle place dans notre société ? Que s'est-il passé ? Pourquoi les mystificateurs d'aujourd'hui préfèrent-ils se déguiser en victimes, comme Piano Man (le jeune homme mutique retrouvé sur une plage en Angleterre), quand autrefois ils se faisaient passer pour des princes ? Comment se fait-il que même les hommes politiques rivalisent à qui sera le plus victime ? Jusqu'où irons-nous dans cette victimisation de la société tout entière ?

Ces questions, nos métiers nous avaient amenés à nous les poser, l'un comme l'autre, séparément, car les psys comme les avocats sont au contact quotidien des victimes et de leurs souffrances, qu'elles soient morales ou physiques, d'adulte ou d'enfant, souffrances de la perte ou du deuil, causées par le crime, l'accident ou l'injustice… Cette longue expérience professionnelle nous avait conduits à observer de près la transformation radicale de la relation entre la société et les victimes, si profonde qu'elle semblait modifier l'équilibre de celle-ci. Quand nous nous sommes rencontrés, il y a quelques années, nous nous sommes aperçus que nous partagions les mêmes inquiétudes et les mêmes indignations. Comme chacun détenait un morceau du puzzle, nous avons eu envie de poursuivre ensemble la réflexion pour comprendre ce phénomène, amorcé dans les années 80, période cruciale où, sur tous les fronts, depuis la nomenclature psychiatrique jusqu'au fonctionnement judiciaire et aux relations internationales, on a assisté à une formidable montée en puissance des victimes. Nous avons dû parfois sortir de nos champs professionnels respectifs : la place qu'on accorde aux victimes est un révélateur de notre société qui dépend aussi de l'histoire, de la sociologie comme de la philosophie politique. Nous avons essayé d'isoler ce phénomène pour le décrire, mais aussi de le situer dans l'histoire de la société pour le comprendre. Ce n'est pas une démarche étrangère à la psychanalyse où, une fois le symptôme décrit, une longue enquête commence pour le situer dans l'histoire de chaque individu. Quant au champ judiciaire, il est plus que jamais le lieu privilégié où s'exposent les victimes pour tenter de faire reconnaître leur malheur, susciter la compassion et obtenir réparation.

Il n'est pas habituel aujourd'hui de parler des victimes autrement que sur le mode de la compassion. Nous en prenons le risque car la valorisation des victimes telle qu'elle est pratiquée aujourd'hui nous paraît présenter d'immenses avantages mais aussi de graves inconvénients, tant pour la démocratie que pour les victimes elles-mêmes.

1.

Tous égaux

L'intérêt grandissant que suscitent les victimes procède des meilleures intentions dans le meilleur des régimes possibles : la démocratie. Dans les pays totalitaires où elles sont bien plus nombreuses, les victimes sont aussi beaucoup moins bien traitées, à moins que des organisations humanitaires, venues de pays démocratiques, ne volent à leur secours… Mais nous sommes maintenant tellement habitués à vivre en démocratie que nous ne voyons plus toutes les conséquences qu'entraîne, dans notre quotidien, la forme de notre organisation politique. À l'époque où le principe de l'égalité entre les citoyens était une nouveauté, son influence sur la marche de la société était telle qu'Alexis de Tocqueville, de retour d'Amérique, la qualifia de « prodigieuse », expliquant que ce principe s'étendait « fort au-delà des mœurs politiques et des lois » ; il précisait même : « Il crée des opinions, fait naître des sentiments, suggère des usages et modifie tout ce qu'il ne produit pas [1]. »

Tocqueville en a aussi immédiatement perçu les dangers potentiels : « Les nations de nos jours ne sauraient faire que dans leur sein les conditions ne soient pas égales ; mais il dépend d'elles que l'égalité les conduise à la servitude ou à la liberté, aux lumières ou à la barbarie, à la prospérité ou aux misères[2]. » Autant dire que, pour les citoyens, l'égalité n'est pas forcément un gage de bonheur.

Le paradoxe de la démocratie

Nous vivons dans un monde où les inégalités vont croissant alors même que notre société est la plus égalitaire qui ait jamais existé : « Les hiérarchies se mêlent et disparaissent dans un espace public où chacun vaut chacun : sur le plateau de télévision, le prix Nobel de physique propose sa recette de cuisine favorite tandis que le cuisinier distingué par le *Guide Michelin* rend compte du dernier livre de philosophie qu'il a lu. Bref, il semble que les dernières barrières soient en train de tomber, et que nous vivions désormais dans un seul monde, ou dans un monde un, dans un monde social homogène et unifié : *we are the world* », selon le philosophe Pierre Manent[3]. Tel est le sentiment universel et permanent qu'engendre la démocratie : nous nous regardons comme des semblables alors qu'objectivement, nous sommes loin d'être égaux.

C'est en nous identifiant à notre voisin que ce sentiment de ressemblance s'exprime concrètement : « Quand les rangs sont presque égaux chez un peuple, tous les hommes ayant à peu près la même manière de penser et de sentir, chacun d'eux peut juger en un moment des sensations de tous les autres : il jette un coup d'œil rapide sur lui-même ; cela lui suffit, écrit Tocqueville. Il n'y a donc pas de misère qu'il ne conçoive sans peine, et dont un instinct secret ne lui découvre l'étendue. En vain s'agira-t-il d'étrangers ou d'ennemis : l'imagination le met aussitôt à leur place[4]. »

Désormais la télévision a aboli le rapport entre le nombre des victimes et l'éloignement du lieu de la catastrophe qui créait l'événement journalistique. Tant qu'on ne voyait pas les victimes, un mort pouvait suffire à Paris pour qu'on en soit informé, quand il en fallait au moins trois cents à Pékin. Les victimes – peu nombreuses à ce jour – de la grippe aviaire font événement une à une, où qu'elles soient dans le monde.

Que notre compassion soit à géométrie variable (il faut que l'événement fasse une irruption brutale dans notre vie*), versatile (la famine du Soudan, les événements du Darfour, le tremblement de terre du Pakistan ne nous ont pas trop émus), ou émoussée (comme pour le sida), elle nous révèle sans trop nous bousculer à quel point nous nous sentons égaux : tout ce qui arrive aux autres pourrait aussi nous arriver. En même temps, nous éprouvons, non sans culpabilité, le soulagement de ne pas souffrir. Envoyer de l'argent à une ONG nous apaise et nous gratifie. La répétition use nos capacités de terreur ou de pitié. Nous

* « Nos dispositifs sont tels que nous ne pouvons jouir intensément que de ce qui est contraste, et ne pouvons jouir que très peu de ce qui est état » (Freud Sigmund, *Le Malaise dans la culture* (1930), Paris, PUF, 2004, p. 19).

nous blindons jusqu'à ce qu'une catastrophe inédite arrive à nous surprendre à nouveau.

Il existe donc un lien entre compassion, démocratie et victimes. Porteuse de cohésion, de solidarité, de concorde, et issue de principes démocratiques, la compassion semble favoriser la démocratie. Les droits accordés aux victimes ont pour objet d'aller dans le sens de l'égalité, et plus encore vers celui de l'appartenance à une humanité commune.

La politique de la compassion

C'est ainsi que la compassion est devenue une qualité première pour un homme politique, de droite comme de gauche, quelle que soit sa fonction : maire, ministre des Transports, de la Justice, de l'Intérieur ou de la Santé, président de la République. La manifester par des paroles d'apaisement ne suffit pas. Il doit être présent physiquement là où sont les victimes (à ne pas l'avoir compris, le professeur Mattei y a laissé son poste de ministre de la Santé après la canicule d'août 2004), recevoir les proches, faire des promesses pour l'avenir, y compris promouvoir de nouvelles lois sous la pression de l'opinion publique. L'homme politique doit montrer qu'il est avant tout un être humain comme les autres, que son souci de l'autre prime sur l'intérêt de l'État et, bien sûr, sur ses ambitions personnelles. Il se doit d'être simple, en manifestant naturellement son humanité (tels étaient les commentaires à l'égard de François Baroin, ministre de l'Outre-mer, présent en Martinique après la catastrophe aérienne d'août 2005, tandis que l'événement était célébré avec faste : nous étions tous martiniquais, surtout le président de la République). Aux États-Unis, le principal reproche adressé à George Bush après le passage du cyclone Katrina, outre la piètre efficacité des secours, a été de ne pas être venu immédiatement sur les lieux de la catastrophe : une vraie faute politique sanctionnée par une chute de popularité immédiate et durable.

L'empire de l'émotion compassionnelle ne se limite pas à la conduite instantanée de tel ou tel homme politique. Il conduit ce qu'Hannah Arendt appelle les « politiques de la pitié* », cet « élan impérieux qui nous attire vers les hommes faibles ». Le principal ressort moral de nombre de décisions politiques n'est pas le souci de justice ou l'affirmation de la souveraineté nationale, mais la reconnaissance de la souffrance de l'autre.

Un pas de plus a été franchi depuis que les hommes politiques cherchent, eux aussi, consciemment ou non, à susciter la compassion. Lors de la démission du gouvernement Raffarin suivie de la nomination de Dominique de Villepin, quelques ministres (des plus obscurs aux plus

* Pour Hannah Arendt, la compassion va à la personne et la pitié à l'ensemble : « La compassion par sa nature même ne peut être inspirée par les souffrances d'une classe entière. Elle ne peut aller plus loin que ce que souffre une personne unique sans cesser d'être ce qu'elle est par définition : une co-souffrance » (*Essai sur la révolution*, Paris, Gallimard, 1967, p. 121).

prestigieux) ont été évincés. Plusieurs d'entre eux ont manifesté publiquement un dépit qu'il était jusqu'à présent de bon ton de cacher : ces évictions étaient injustes car ils ne voyaient pas en quoi ils avaient démérité. Se sentant probablement les « égaux » des millions de chômeurs qui leur sont reprochés, ils nous ont invités à compatir sur leur sort : n'étaient-ils pas victimes de chômage forcé, tout relatif au demeurant, sans préavis et sans motif ?

L'affaire Clearstream fournit un exemple inédit de concurrence entre victimes. Nicolas Sarkozy, défenseur proclamé de toutes les victimes*, est le premier à se déclarer dès le 19 juillet 2005, dans le journal *Libération*. À une question sur les accusations dont il fait l'objet, il répond : « J'ai d'autant moins de commentaires à faire que chacun aujourd'hui est bien persuadé que je suis une victime**. » Ce n'était qu'un début car l'affaire n'avait pas encore éclaté. Le 3 mai 2006, alors que la France vit au rythme des révélations, le ministre de l'Intérieur confirme : « C'est parce que les victimes se taisent que des affaires comme celle-là se produisent. Moi, je suis une victime et je ne me tairai pas[5]. » Mais déjà, il n'est plus seul ; Michèle Alliot-Marie lui a emboîté le pas : « Je suis moi-même victime de

* Nicolas Sarkozy n'est jamais à court de propositions quand il s'agit des victimes : en mai 2006, il a suggéré la création d'un « juge pour les victimes ».

** Faut-il rappeler que Nicolas Sarkozy était effectivement une victime au sens juridique du terme puisque partie civile dans les investigations sur les comptes Clearstream à l'étranger ?

l'affaire. Je suis une cible parce qu'on parle de moi[6]. » Quant à Dominique de Villepin, au cours de sa conférence de presse le 10 mai 2006, il s'est, selon le journaliste Alain Duhamel « vigoureusement victimisé, se proclamant blessé, calomnié, injurié[7] ». Faut-il que la posture de la victime soit payante politiquement pour qu'au sommet de l'État l'on se batte pour occuper la première place ! Pour un homme politique, déclarer sa souffrance (car la victime souffre) présente le double avantage de le rendre semblable à ses concitoyens et de lui donner une raison d'agir, comme le font aujourd'hui les victimes.

Individualisme et victimisation

Il n'a pas échappé à Alexis de Tocqueville que l'individualisme est aussi une conséquence directe, mais d'emblée considérée comme néfaste, de la démocratie.

Qu'est-ce que l'individualisme ? En quoi est-il issu de la démocratie ? En quoi est-il dangereux ? Qu'a-t-il à voir avec la victimisation ?

Le mot est récent ; il apparaît au début du XIXe siècle. Il s'agit, dans une société égalitaire, d'une sorte de réflexe de repli sur soi. L'individualisme est, selon Tocqueville toujours, « un sentiment réfléchi et paisible qui dispose chaque citoyen à s'isoler de la masse de ses semblables et à se retirer à l'écart avec sa famille et ses amis ; de telle sorte que, après s'être ainsi créé une petite société à son usage, il abandonne volontiers la grande société à elle-même[8] ». Il le différencie de l'égoïsme, « vice aussi ancien que le monde [qui] n'appartient guère plus à une forme de société qu'à une autre ».

Pour comprendre pourquoi l'individualisme, au sens où nous l'entendons, ne pouvait pas exister sous l'Ancien Régime, Tocqueville compare la société nouvelle à l'ancienne : « Les hommes qui vivent dans les siècles aristocratiques sont donc presque toujours liés d'une manière étroite à quelque chose qui est placé en dehors d'eux, et ils sont souvent disposés à s'oublier eux-mêmes. Il est vrai que, dans ces mêmes siècles, la notion générale du semblable est obscure, et qu'on ne songe guère à s'y dévouer pour la cause de l'humanité ; mais on se sacrifie souvent à certains hommes. Dans les siècles démocratiques, au contraire, où les devoirs de chaque individu envers l'espèce sont bien plus clairs, le dévouement envers un homme devient plus rare : le lien des affections humaines s'étend et se desserre[9]. »

Dans les sociétés d'Ancien Régime, l'Église était liée à l'État. Au sommet de la pyramide sociale était le monarque de « droit divin » qui tirait son autorité de Dieu, dont il était le représentant, pour être le père de la nation. C'était Dieu qui donnait la vie et l'avait fait naître là, dans cette famille, roi, fils de roi, comme il avait fait naître tous les hommes à une place déterminée de toute éternité. Chaque père de famille exerçait ainsi une autorité de « droit divin » sur les siens, qui lui devaient aussi respect et obéissance. Les nations se concevaient comme une grande famille, où chacun avait sa place, donnée par la naissance, de haut en bas, sous l'autorité paternelle du roi. On devait aimer Dieu, son roi et son prochain comme soi-même, selon le principe de la charité chrétienne. Les comptes se régleraient plus tard, au Jugement dernier, où Dieu jugerait les vivants et les morts, et où l'on savait que « les premiers seraient les derniers »...

Le souci le plus urgent des démocraties a été de séparer l'Église de l'État. C'est l'objet du premier amendement de la Constitution américaine, proposé en 1789 et voté en 1791, et la cause des plus grandes violences révolutionnaires en France à la même époque, où l'on décrète que l'autorité viendrait désormais de la nation par l'élection des citoyens, « nés libres et égaux ». La pyramide n'ayant plus de sommet, un nouveau lien social, horizontal et non plus vertical, se créait, fondé sur ces principes de liberté et d'égalité, rejoints un peu plus tard par un troisième : la fraternité... Seulement, on n'est plus frères parce qu'on est les enfants du même père (Dieu représenté par le roi), mais parce qu'on a conscience d'appartenir à une même humanité et d'être des semblables.

Pierre Manent explique que « dans la société aristocratique, le lien social, y compris et d'abord le lien familial, est immédiatement inscrit dans l'espace public comme un fait de nature. Il est immédiatement perçu comme un fait objectif, extérieur au sujet, vérifié et confirmé par le devoir de chacun d'obéir à son supérieur social. Dans la famille, dans la société, les hommes sont liés, et ils n'ont pas le choix. [...] Dans la société démocratique, ce que chacun perçoit d'abord du monde social, ce n'est pas l'ensemble objectif des liens qui le rattachent aux autres sociétaires, c'est lui-même en tant que source unique et seule légitime de tous ses liens, en tant que sujet avec ce qui lui est propre – famille, propriété, amis. Les membres des sociétés aristocratiques sont souvent disposés à s'oublier eux-mêmes non parce qu'ils seraient moins égoïstes que nous, mais parce que ce qu'ils voient d'abord, c'est le lien social qui est extérieur à eux ; les hommes démocratiques se dévouent au contraire rarement, non parce qu'ils seraient spécialement égoïstes, mais parce que ce qu'ils voient, ou plutôt sentent d'abord, c'est eux-mêmes, ou leur individualité de sujet[10] ».

Un artiste contemporain, Christian Boltanski, a récemment réalisé une installation[11] qui symbolise la condition de l'homme moderne pris entre similitude et individualisme : la salle d'exposition est encombrée d'une foule de personnages identiques placés dans tous les sens. Nombreux, ils ne sont pas pour autant ensemble. Des planches de bois en triangle forment les jambes. Le corps est indiqué par des manteaux sombres surmontés d'une petite lampe : c'est la tête. Hormis la taille, ils sont tous pareils, évoquant à la fois les grandes sculptures de Giacometti et l'allure d'un Jacques Tati. Le visiteur déambule entre les personnages et, quand il s'arrête face à l'un d'eux, une voix masculine ou féminine en sort ; ils ne se nomment pas, ils se décrivent : « Je suis folle », « Je suis laid », « Je suis égoïste », « Je suis paresseux », « Je suis bête », etc. A priori, ils sont tous semblables ; et pourtant ils sont uniques : leur parole les distingue. Encore faut-il qu'un être humain soit présent pour que cette parole s'élève. « Il n'existe d'identité sociale que divulguée dans un espace public où un autre vous regarde », écrit le sociologue Alain Erhenberg [12] comme s'il commentait cette exposition.

Alors, n'était-ce pas mieux avant ? Eh bien non, car « dans les sociétés aristocratiques vont de pair oubli de soi ("dévouement") et indifférence à l'humanité en général, tandis que dans les sociétés démocratiques vont de pair sentiment de soi (impossibilité de s'oublier) et sentiment de l'humanité en général, sentiment du semblable [13] ». La compassion pour nos semblables n'entre pas en contradiction avec l'individualisme de notre société.

La démocratie a donc pour effet de défaire le lien social hérité, subi (mais ô combien confortable rétrospectivement au sens où il protégeait l'homme des aléas de la vie en échange de son obéissance aux traditions et aux usages), et de refaire un lien égal et librement consenti. Consentement et liberté sont les principes mêmes de ces nouveaux liens. Mais ramener à son consentement tout le monde social et disposer des libertés d'opinion, de choix, de conscience entraînent de nouvelles servitudes : c'est à chacun et à lui seul qu'incombe la tâche de trouver un sens à son existence. La charge est d'autant plus lourde que Dieu, le diable, le hasard ou le destin ne peuvent plus faire office de tiers responsable garanti par l'État quand un événement imprévu survient et vous singularise. Où trouver dès lors des responsables ?

Le héros moderne

L'individu moderne est pris entre deux feux : son égalitarisme démocratique et son individualisme considéré comme la valeur suprême*. Tandis que l'idéal égalitaire le tire vers l'indifférenciation, l'individualisme l'entraîne vers la singularisation, qui n'est plus donnée à la naissance. Nous voulons être à la fois tous égaux et tous différents. Deux façons – contradictoires en apparence – s'offrent à nous pour résoudre cette tension entre égalité de principe et inégalité de fait : ce sont la performance et la victimisation. Tous égaux, et que le meilleur gagne ! Tous entrent en compétition avec tous dans une société égalitaire où il n'est question que de performances… Alain Erhenberg a brillamment montré que le spectacle du sport (en particu-

* Louis Dumont distingue l'individu comme valeur empirique et l'individu comme valeur : « Quand nous parlons d'individu, nous parlons de deux choses à la fois, un objet hors de nous et une valeur. La comparaison nous oblige à distinguer analytiquement ces deux aspects : d'un côté, le sujet empirique parlant, pensant et voulant, soit l'échantillon individuel de l'espèce humaine, tel qu'on le rencontre dans toutes les sociétés ; de l'autre, l'être moral indépendant, autonome et par suite essentiellement non social, qui porte nos valeurs suprêmes et se rencontre en premier lieu dans notre idéologie moderne de l'homme et de la société. De ce point de vue, il y a deux sortes de sociétés. Là où l'Individu est la valeur suprême, je parle d'individualisme. Dans le cas opposé, où la valeur se trouve dans la société comme un tout, je parle de holisme » (Dumont Louis, *Essais sur l'individualisme,* Paris, Le Seuil, Points essais, nouvelle éd. 1991, p. 37).

lier le football) n'est pas la « grand-messe des sociétés sans dieu », et n'indique pas davantage la « mort du lien social ». La compétition sportive est le « spectacle même de notre idéal égalitaire » : il nous montre « comment n'importe qui peut devenir quelqu'un ». Celui qui triomphe ne doit sa performance ni à son origine ni à d'autres privilèges, il est un héros moderne : celui qui a réussi à s'extraire de la foule indistincte de ses semblables.

La victime partage avec le sportif cette définition du héros moderne sauf (la différence est de taille !) qu'elle n'a pas choisi cette distinction qui menace son existence. Comment conserver le sentiment qu'on choisit sa vie quand on subit un préjudice, sinon en revendiquant la recherche d'un tiers responsable qui vienne garantir qu'on n'est pas le jouet d'un destin capricieux ? Privée d'un au-delà officiel, où se régleraient les dettes, la société démocratique doit rendre compte dans l'immédiat du préjudice subi par un de ses membres, et lui trouver une origine. Un coupable en chair et en os. D'autre part, la victime, distinguée par les médias, se retrouve à la une, à l'instar des champions ou des vedettes de cinéma. Soudain célèbre, elle sort de la masse par son malheur, brillant de toute son innocence.

Le pédopsychiatre Daniel Marcelli[14] pense que « le couple individu/revendication représente le verso pervers du recto positif et brillant de la médaille : le couple individu/performance », non sans remarquer que terroristes et victimes se retrouvent dans une étrange identité de position : « Les uns comme les autres se plaignent de l'ignorance dans laquelle la société les tient, se sentent lésés dans leurs droits les plus fondamentaux. Ils revendiquent une reconnaissance sociale... »

L'individualisme a pour autre effet d'inverser le rapport entre l'individu et la société. Refusant d'être les fils du roi, les citoyens se revendiquèrent « enfants de la patrie », prêts à mourir pour elle, qui les avait nourris et éduqués. La nation devint une sorte d'entité supérieure et bien-aimée, qui gommait les particularismes originels, créant aussi un lien supérieur entre les individus. Le temps n'est plus où le citoyen se devait à la collectivité, où chacun était jugé en fonction de son mérite, c'est-à-dire de la façon dont il apportait sa pierre au patrimoine commun, qui s'exprimait aussi dans le patriotisme : « Je dois quelque chose à la communauté par laquelle je suis quelqu'un. » Les individus modernes, eux, veulent être les créateurs de leur propre vie. La société doit leur offrir les mêmes moyens dont chacun va choisir de disposer, pour ensuite faire reconnaître son originalité. Ce nouvel individualisme s'exprime dans la formule : « La collectivité me doit tout et je ne lui dois rien. » On assiste à une fragmentation de la société entière en communautés « choisies ». Quand elles se cimentent autour de leurs malheurs passés et présents, dégageant leur responsabilité, elles prétendent disposer d'une créance infinie, exigeant prérogatives et dérogations, en s'engageant dans une concurrence sans fin où chacun se sent plus victime que son voisin. La victimisation, écrit Pascal Bruckner, est la version doloriste du privilège [15].

Principe d'égalité, compassion, nécessité de se distinguer de ses semblables, de rester maître de sa vie en exigeant que la société vous reconnaisse dans votre singularité, font que les victimes incarnent une nouvelle forme d'héroïsme. Qui, dans ces conditions, n'aspirerait à se prétendre victime ?

2.

Tous victimes

Il paraît aller de soi aujourd'hui que les personnes ayant subi un préjudice sont des victimes. Mais ça n'a pas toujours été le cas ! Avant les années 80, on parlait peu « des » victimes. On différenciait aisément les dissidents politiquement opprimés des pays totalitaires, les classes laborieuses socialement opprimées, les victimes de catastrophes naturelles ou d'accidents. On pouvait lutter pour plus de justice sociale, compatir lorsque la victime était proche et avoir pitié de populations indifférenciées touchées par des causes lointaines[1].

Le mot « victime » ne faisait partie ni du vocabulaire psychiatrique ni du vocabulaire psychanalytique. On utilisait un autre mot, « traumatisme », issu du vocabulaire savant (du grec *trauma* : blessure) et passé avec succès dans le langage commun avant d'être peu à peu délaissé. Comment est-on passé du « traumatisé » à la « victime » ?

Le rôle de la psychanalyse et de la psychiatrie

Dès la seconde moitié du XIXe siècle, la psychiatrie puis la psychanalyse ont joué un rôle majeur dans la reconnaissance du traumatisme psychique et la compréhension de ses mécanismes. Les psychiatres anglais, français, allemands et américains de la fin du XIXe siècle se sont d'abord intéressés aux séquelles psychologiques chez les accidentés du chemin de fer. À commencer par le psychiatre allemand Hermann Oppenheim qui, dès 1884, a parlé de « névrose traumatique » pour désigner des troubles causés par les accidents ferroviaires : cauchemars, souvenirs intrusifs, humeur instable, hypersensibilité, repli sur soi, en distinguant pour la première fois des blessures physiques les conséquences psychologiques. Puis la guerre de 14-18, avec ses centaines de milliers de « traumatisés », a été le champ d'observation privilégié des psychiatres et des psychanalystes. La description clinique des troubles psychiatriques des combattants s'est affinée, car il s'agissait non seulement d'observer mais de dépister les simulateurs pour les renvoyer au combat.

Freud, lui, a bouleversé la notion de traumatisme*.

* « Nous appelons ainsi un événement vécu qui, en l'espace de peu de temps, apporte dans la vie psychique un tel surcroît d'excitation que sa suppression ou son assimilation par des voies normales devient une tâche impossible, ce qui a pour effet des troubles durables dans l'utilisation de l'énergie », Freud, 1916.

Comme les psychiatres militaires, il pose d'emblée l'analogie entre la névrose traumatique et l'hystérie : « Dans la névrose traumatique, la maladie n'est pas vraiment déterminée par une blessure passagère du corps mais par une émotion : la frayeur, par un traumatisme psychique. Nous avons de façon analogue constaté que la cause de la plupart des symptômes hystériques méritait d'être qualifiée de traumatisme psychique. Tout incident capable de provoquer des affects pénibles, frayeur, anxiété, honte, peut agir à la façon d'un choc psychologique » (1895). Ainsi, la nature de l'événement traumatisant compte moins que l'affect qu'il déclenche dans le psychisme. Contrairement à une blessure corporelle, la blessure psychique n'a pas un impact direct sur le sujet. C'est l'émotion qu'elle suscite qui rencontre la réalité psychique, en grande partie inconsciente, de chaque individu. Les symptômes indiquent qu'il y a eu traumatisme, mais ne disent pas ce qui a effectivement eu lieu dans la réalité.

À la suite de Freud, le psychanalyste Sandor Ferenczi s'est intéressé aux blessés de 14-18 et aux hystériques. Nommé en 1916 chef du service de neurologie de l'hôpital militaire Maria-Vdena en Hongrie, où il a reçu des centaines de patients souffrant de névrose de guerre, il a publié de nombreux articles sur ce sujet. Pour lui, le traumatisme produit un affect spécifique – l'effroi – qu'il distingue de la peur et de l'angoisse, et c'est cet affect qui agit sur le psychisme.

Ouvrons une parenthèse à propos du traumatisme sexuel parce que, contrairement au traumatisme de guerre, il nécessite d'être démontré. Freud a d'abord pensé que les scènes de séduction infantile (attouchements, exhibition, viol) que lui rapportaient ses patientes hystériques s'étaient réellement passées. La fréquence de ces récits lui fit partiellement remettre en question la réalité de ces traumatismes pour les considérer comme des fantasmes. Il fut d'abord suivi par toute une société (y compris les psychanalystes) qui n'était pas prête à admettre le comportement pédophile des adultes, surtout lorsqu'il s'agissait des parents ou d'un membre de la famille. Approfondissant ses recherches, Ferenczi, lui, en était arrivé à des conclusions totalement opposées à celles de Freud. Pour lui, la réalité du traumatisme sexuel était incontestable : « Même des enfants appartenant à des familles honorables et de tradition puritaine sont, plus souvent qu'on osait le penser, les victimes de violences et de viols. [...] L'objection qu'il s'agissait des fantasmes de l'enfant lui-même, c'est-à-dire de mensonges hystériques, perd malheureusement de sa force par suite du nombre considérable de patients en analyse qui avouent eux-mêmes des voies de fait sur des enfants » (1932). Pour Ferenczi, plus que les actes en eux-mêmes, c'est leur désaveu et leur impossible verbalisation qui créent le traumatisme. À l'époque, personne ne l'a cru. Mais lorsque, des décennies plus tard, la société n'a plus supporté la maltraitance sexuelle à l'égard des enfants, les féministes ont vivement critiqué Freud pour être revenu sur la réalité du traumatisme sexuel. Aujourd'hui, on peut plus sereinement reconnaître celui-ci quand il a eu lieu et, grâce à la théorie freudienne, en comprendre le mécanisme.

Il n'en reste pas moins que la psychanalyse n'est pas faite pour distinguer les fantasmes de la réalité, ceux-ci pouvant aussi, dans certaines circonstances, avoir un effet traumatique sur le psychisme. Dans la théorie freudienne, dont il est impossible ici de retracer les remaniements successifs, la névrose traumatique a donc une existence propre, à savoir qu'un choc peut déclencher une névrose. Mais si cet événement accidentel produit un traumatisme psychique, c'est parce qu'il vient révéler un traumatisme plus ancien ou entrer en résonance avec celui-ci. C'est pourquoi, comme tout le monde peut l'observer, le même événement n'a pas les mêmes effets sur toutes les personnes qui le subissent.

Le diagnostic du traumatisme

Revenons à la guerre. Dans le contexte militaire, la réalité de l'événement susceptible d'entraîner un traumatisme n'est pas discutable. Le rôle des psychiatres est de dépister si les bombardements, la vision de ses camarades déchiquetés ou les conditions de vie dans les tranchées ont effectivement traumatisé le combattant, auquel cas celui-ci sera évacué vers l'arrière ou, s'il s'agit d'un simulateur, renvoyé au front. Ni l'événement lui-même ni ses répercussions (qui peuvent être simulées) n'en apportent de preuves concrètes. C'est pourquoi, comme l'analyse avec justesse Richard Rechtman[2], se conjuguent de façon paradoxale « des postulats psychanalytiques sur la réalité psychique et des attentes militaires sur la réalité des faits [...]. Pour se laver du soupçon, la victime devra donc produire un discours personnalisé qui intègre l'événement dans son histoire personnelle passée et immédiate. L'enjeu consiste à convaincre son interlocuteur, en l'occurrence le clinicien ou le supérieur hiérarchique, de la réalité de l'affect produit par l'événement. L'énonciation ne suffit pas – je suis une victime –, le récit ne convainc pas – j'ai vécu cet événement –, seule la mise en forme narrative de l'expérience singulière est susceptible d'emporter la conviction qui se trouvera secondairement renforcée par l'événement et la sémiologie[3] ». Autrement dit, la victime doit en quelque sorte se justifier pour emporter l'adhésion de celui qui portera le diagnostic.

Une fois la paix revenue, le concept de névrose traumatique qui a pris son essor avec la psychanalyse tombe dans l'oubli jusqu'à la Seconde Guerre mondiale. De nombreux travaux, en particulier anglo-saxons, vont être consacrés à ces combattants qui ne sont pas revenus indemnes, mais c'est évidemment l'expérience concentrationnaire qui fera l'objet d'études, de témoignages, d'œuvres littéraires permettant à un large public de s'informer.

Néanmoins, jusqu'après la guerre de 39-45, on peut retenir avec Richard Rechtman que, comme auparavant, « la preuve du traumatisme, celle qui atteste de la condition de victime, demeure rattachée au récit traumatique, aux mouvements affectifs qui s'en dégagent, à l'autopersécution du traumatisé. La condition de victime reste étroitement dépendante de la forme narrative du récit et demeure l'histoire singulière d'une rencontre entre un événement hors du commun et un destin individuel[4] ».

Victime d'être victime : le syndrome du survivant

En isolant le « syndrome du survivant » en 1961, tableau clinique qui énumère les symptômes dont souffraient les rescapés des camps de concentration et d'extermination nazis, Eitinger a fait découvrir qu'à la névrose traumatique peut s'ajouter la culpabilité d'avoir survécu dans des conditions inhumaines alors que tant d'autres sont morts. La condition de victime rescapée constitue ainsi une épreuve supplémentaire, que la victime soit accueillie comme si rien ne s'était passé ou comme un étranger qu'on ne reconnaît pas. Il s'agissait en outre d'établir un consensus international pour que ces survivants soient reconnus comme victimes afin d'avoir droit à une prise en charge médicale et à des réparations. À l'époque, ainsi que le rappelle Nathalie Zadje, il y eut une controverse entre les psychiatres américains et d'Europe du Nord, les premiers défendant l'idée que la pathologie des survivants était une réponse à ce qu'avaient cherché les bourreaux, et les psychiatres allemands celle que les anciens internés qui présentaient une pathologie avérée étaient déjà malades avant leur internement[5].

Pour que les victimes juives soient reconnues comme telles, il a donc fallu un temps considérable. Tandis que les résistants rescapés étaient considérés comme des héros parce qu'ils avaient combattu, les juifs (déportés raciaux) n'ont pas été traités de la même façon. C'est Élie Wiesel qui a opéré un véritable coup de force envers les jugements de valeur attachés au comportement des juifs face à la persécution nazie[6], en retournant la honte d'être victime contre le monde qui a accepté la persécution et en revendiquant fièrement l'Holocauste « comme un chapitre glorieux de notre histoire éternelle[7] ». C'était en 1967, trois mois avant la guerre des Six Jours, où Israël a présenté au monde une image des juifs combattants et victorieux. On comprend mieux que, lors du procès d'Eichmann (1961) et de celui de Klaus Barbie (1987), ces victimes d'un déni de reconnaissance aient voulu que leur soit reconnu le statut de victime de crime contre l'humanité plutôt que celui de héros. Cela marque aussi une étape même si elle ne s'est pas faite en un jour : désormais, non seulement être victime peut se dire, mais on doit en rechercher les causes dans les spécificités du monde contemporain. Et plus tard, dans les années 80, le terme sera introduit dans le vocabulaire des Nations unies.

Pourtant, malgré l'ampleur de la Shoah et les troubles à long terme qu'elle a engendrés, les plaintes resteront longtemps rares et discrètes tant du côté des rescapés des camps que de celui des populations civiles ou des combattants. Il n'empêche qu'aujourd'hui, le travail d'indemnisation est accompli. La dette imprescriptible de la nation que Jacques Chirac a reconnue lors de son fameux discours du Vél' d'Hiv' signifie que la déportation des juifs ne doit ni ne peut être effacée. Elle n'a pas fini de faire sentir ses effets, mais cette reconnaissance n'en est pas moins une ouverture pour se tourner vers l'avenir.

Le « Post-Vietnam Syndrom »

L'étape suivante dans la réflexion sur le traumatisme et les victimes va s'opérer après le retour aux États-Unis* des vétérans de la guerre du Vietnam (1964-1973), vaincus. Le moins qu'on puisse dire est qu'ils n'ont pas été accueillis en héros**. Nombre d'entre eux se sont signalés par leur comportement agressif voire antisocial. Le psychiatre américain Shatan a alors réinventé la névrose de guerre sous le vocable de *Post-Vietnam Syndrom* ou PVS : à savoir, reviviscence traumatique, état d'alerte permanent, impression de n'être pas compris, agressivité, troubles des conduites, le tout se résumant en une « transfiguration de la personnalité ». Le nombre de PVS est impressionnant : 25 % des effectifs, soit 750 000 hommes ! Pour obtenir réparation, anciens combattants et psychiatres ont lutté contre l'administration des Vétérans qui a été obligée d'ouvrir des centres de diagnostic et de traitement, de recevoir les plaintes et de distribuer les compensations. Ils ont finalement réussi à fondre le *Post-Vietnam Syndrom* dans le *Post-Traumatic*

* Le total des hommes envoyés au Vietnam pendant toute la durée de la guerre dépasse les trois millions.

** La presse les appelait *baby killers*, « tueurs de bébés », ou *walking time bombs*, « bombes ambulantes à retardement ».

Stress Disorder (PTSD), dans les années 80, après l'introduction de cette labellisation dans la classification psychiatrique.

Une nouvelle classification

La psychiatrie, en effet, a évolué et, avec elle, la condition de victime. Vers 1980, cette discipline a subi une profonde rupture de pensée qui a eu pour effet de transformer les rapports entre les victimes et leurs cliniciens. Avec la création d'une catégorie clinique, le PTSD (*Post Traumatic Stress Disorder*) ou état de stress post-traumatique, et la naissance d'une discipline, la victimologie, les psychiatres, disposant désormais d'outils d'identification et de qualification, ont pu mondialiser cette notion.

Que s'est-il passé en psychiatrie autour des années 80 ? Il peut paraître surprenant qu'un changement d'orientation, même radical, de la psychiatrie américaine ait influé sur la condition des victimes en France. Pour le comprendre, il faut préciser ce qu'a été ce changement, car il concerne aussi la psychiatrie française, et le resituer dans le contexte politique du retour à la vie civile des vétérans du Vietnam.

Le classement des maladies est aussi vieux que la médecine. La psychiatrie, « médecine comme une autre et autre que la médecine[8] », n'y échappe pas, bien au contraire. On pourrait écrire l'histoire de la psychiatrie européenne et américaine en reprenant les classements successifs des maladies mentales car ils suivent l'évolution de la pensée et des découvertes. La mondialisation du classement réalisée depuis ne s'est pas faite en un jour, chaque pays gardant un temps ses particularités.

C'est en 1952 que l'Association américaine de psychiatrie publie la première version du DSM (*Diagnostic and Statistical Manual for Mental Disorders* ou *Manuel diagnostique et statistique des troubles mentaux*). La deuxième version paraîtra en 1968. Outre qu'elles intéressèrent peu les psychiatres français qui avaient leur propre classification, ces deux versions reflétaient les pratiques les plus courantes et intégraient les concepts issus de la psychanalyse.

La troisième version, le DSM III, paru en 1980, marque une véritable rupture : au nom de la nécessité d'une évolution scientifique passant par l'élaboration d'un langage commun à toutes les orientations des cliniciens, la nomenclature change. Il ne s'agit plus d'une clinique du sujet s'appuyant sur les thèses antérieures psychiatriques et psychanalytiques, mais d'une « approche clinique purement descriptive » qui se veut athéorique, excluant la subjectivité du psychiatre, déclinant une infinité de « troubles » et de « problèmes » établis par des experts américains. Il suffit alors, comme dans un questionnaire à choix multiples, de cocher les signes apparents pour faire le diagnostic de telle ou telle affection. La version freudienne psychosexuelle de la névrose disparaît car elle n'est plus compatible avec le langage des courants dominants de la psychiatrie. Le terme de « névrose », qui préexistait à la découverte freudienne dans un sens tout différent (ensemble de symptômes et de problèmes fonctionnels dont l'origine était – sans qu'on puisse le prouver – une pathologie nerveuse), est conservé dans son acception ancienne avant de disparaître complètement dans le DSM IV (1992). Seule la névrose traumatique paraît survivre sous l'appellation « état de stress* post-traumatique ». Mais cette nomenclature efface la différence de nature introduite par la psychanalyse entre stress et traumatisme (on va y revenir), ce dernier n'étant plus considéré que comme un stress plus important que les autres. Les neurosciences biologiques et cognitives ainsi que l'épidémiologie deviennent les références majeures de toute la pathologie psychiatrique.

Lors de sa publication, le DSM IV déclenche une énorme polémique outre-Atlantique sur son principe même. Pseudo-science, déni de subjectivité (car le contexte est évacué), normalisation sociale de toutes les formes de déviance, réification de l'homme neuronal, alliance coupable avec l'industrie pharmaceutique** (puisque les médi-

---

* Le stress, terme utilisé depuis le début du XXe siècle en neurophysiologie, désigne les réactions physiologiques et psychologiques de l'organisme humain et animal face à une menace ou une situation imprévue.

** Dans une enquête publiée le 20 avril 2006 dans la revue américaine *Psychotherapy and Psychosomatics,* Lisa Cosgrove, psychologue clinicienne à l'université du Massachussets (Boston), montre que 56 % des experts ayant participé à l'élaboration du DSM IV ont une ou plusieurs attaches financières avec les laboratoires pharmaceutiques. Dans certains groupes comme les « troubles de l'humeur » ou la « schizophrénie », 100 % des experts ont des liens financiers avec

caments psychotropes réduisent les « troubles »), antipsychanalysme primaire (car pour les psychanalystes les troubles ne peuvent être réduits à des critères diagnostiques invariants) sont quelques-uns des reproches qui lui sont faits. En France, bien que les critiques restent très virulentes dans les milieux psychiatriques où les psychanalystes sont nombreux, la classification internationale des maladies (CIM) de l'Organisation mondiale de la santé qui repose sur les mêmes principes que le DSM III puis IV s'est imposée : quel que soit l'établissement public ou privé où vous alliez, que vous rencontriez un psychiatre, un psychologue ou un psychanalyste, que vous soyez un adulte ou un enfant, votre cas est codé selon cette classification. Les statistiques anonymes sur le plan national sont faites sur cette base et servent à promouvoir des politiques de santé mentale, en particulier le traitement le plus efficace et le plus économique que vous devrez suivre. L'enseignement, les assurances, la rédaction des publications scientifiques ont adopté le même système de référence.

Quel intérêt pour les victimes ?

Les conséquences pour les victimes n'étaient pas forcément prévisibles. Qu'ont-elles gagné avec cette nouvelle

---

les firmes pharmaceutiques. Cette enquête a été reprise le jour même de sa publication dans la plupart des grands journaux américains dont le *Washington Post* (20 avril) et le *New York Times* (20 avril).

nomenclature ? Auparavant, le diagnostic de névrose traumatique reposait sur le récit que le patient faisait de l'événement inclus dans sa propre histoire ; comme on l'a dit, il devait en quelque sorte se justifier pour emporter l'adhésion de son interlocuteur. La nouvelle formulation (état de stress post-traumatique), sous une apparence anodine (existence d'un événement stressant patent qui provoquerait des symptômes évidents de détresse chez la plupart des individus), élimine toute subjectivité : si la victime présumée a vécu l'événement et présente des signes cliniques de PTSD, alors il s'agit d'une authentique victime. Les troubles peuvent survenir chez n'importe qui, sans tenir compte de ses antécédents. Il s'agit donc d'une réaction normale, c'est-à-dire très précisément « dans la norme ». En effet, le PTSD étant considéré comme une réaction normale, la victime se présente en toute innocence psychiatrique. Recevoir cette labellisation permet certes d'entrer dans les grilles d'indemnisation, mais faire ainsi abstraction de la singularité participe d'une normalisation généralisée des individus dans nos sociétés, qui pose question. D'autant que lorsqu'il s'agit d'évaluer le montant des réparations, la singularité reprend ses droits. Selon les auteurs d'études ultérieures à l'établissement du DSM III, comme tout le monde n'a pas cette réaction « normale », qu'il s'agisse de coups, d'accident de voiture, de catastrophe naturelle ou de blessure par balle, c'est qu'il doit bien y avoir des facteurs prédisposants. Ceux-ci, il n'est pas bon de les révéler, car les troubles entrent alors dans les catégories moins nobles de « troubles de l'adaptation » ou de

« troubles de la personnalité » qui ne confèrent pas le statut de victime. Cette étiquette péjorative constitue alors un obstacle pour obtenir une réparation financière. C'est le cas des malades mentaux qui, après une catastrophe, sont plus difficilement que d'autres reconnus « victimes », surtout s'ils étaient à l'hôpital psychiatrique au moment de la catastrophe.

Les agresseurs : des victimes comme les autres

Le DSM III, qui est très précis sur la nature des événements pouvant entraîner un traumatisme, n'indique absolument pas la direction de la violence : peu importe que la victime ait été la cible des atrocités ou en ait été la main. Après avoir intégré les troubles des vétérans du Vietnam dans la classification en vigueur des maladies mentales, l'administration des Vétérans va préciser les choses en créant sept classes de traumatismes liés à la guerre du Vietnam, dont une seule indique que le patient lui-même a été victime de violence. Dans les six autres catégories (six sur sept !), la « victime » est l'auteur des atrocités. Elle devient un « agresseur autotraumatisé[9] ». Le phénomène n'est évidemment pas nouveau. Les psychiatres militaires connaissent fort bien ces troubles car les soldats traumatisés de toutes les guerres ne font pas qu'assister aux atrocités. Les criminels présentent aussi des signes de traumatismes psychiques qui ressemblent fort à ceux des victimes. Mais grâce au PTSD, pour la première fois, l'agresseur ou le bourreau, sous réserve qu'il présente des troubles, peut se faire reconnaître comme victime. Les rescapés des camps de concentration avaient révélé par leurs récits qu'ils se sentaient coupables d'avoir survécu dans des conditions inhumaines. Les vétérans de la guerre du Vietnam ont pu être reconnus victimes... d'avoir été des bourreaux (quand ils l'avaient été). Comme si les anciens kapos des camps de concentration pouvaient demander réparation pour avoir été embringués dans un système qui avait fait d'eux des bourreaux !

Ce fait stupéfiant paraît totalement banal aux États-Unis. Alors qu'en avril 2006 les hôpitaux militaires s'apprêtaient à recevoir quelque cinquante mille soldats à leur retour d'Irak, Mark Barad, professeur de psychiatrie à l'université de Californie, a déclaré pour justifier leurs troubles : « Ils ne sont pas seulement victimes de la violence. Ils sont aussi ceux qui causent la violence. C'est très difficile pour eux d'en parler. Ils ont toujours le sentiment que "les gens ne peuvent pas comprendre". Quand ils essaient d'en parler avec des civils, cela augmente leur frustration. Ces soldats ne sont pas très éduqués et ils ne savent pas quoi répondre quand on leur demande : "Alors tu as tué quelqu'un ?" C'est le genre de question voyeuriste qu'ils ont à leur retour. Ce qui augmente encore leur anxiété. » Voilà donc les uns et les autres devenus victimes au même titre puisqu'ils présentent des troubles liés à un traumatisme psychique. L'amalgame atteint son comble quand ce psychiatre ajoute : « L'impossibilité de parler n'est pas spécifique aux combattants, on a vu la même chose avec les déportés des camps de concentration [10]. » À ceci près que les bourreaux ont survécu alors que la majorité des victimes ne sont jamais revenues. Les premiers récits publiés depuis 2005 par des soldats américains de retour d'Irak comportent tous une histoire de bavure mortelle au check-point : ils ne sont ni kamikazes ni combattants, juste là au mauvais moment. Et puisqu'il suffit d'être là, ce sont des victimes ! Exclure le contexte et n'envisager que les symptômes permet donc d'étendre encore plus les frontières des phénomènes victimaires.

Le psychiatre fait la victime

Avec l'extension de l'aide humanitaire aux populations civiles et aux réfugiés touchés par les guerres, le concept de PTSD s'est affranchi de la guerre du Vietnam. En effet, l'idée selon laquelle les troubles sont normaux et peuvent survenir chez tout un chacun est valable pour toutes les populations opprimées et déplacées, et tend à prouver que le syndrome de stress post-traumatique est distinct des autres troubles mentaux. Néanmoins, la reconnaissance du PTSD est encore l'objet d'une vraie polémique. Alors que pour certains psychiatres le PTSD constitue une avancée scientifique incontestable, pour d'autres, comme Derek Summerfield[11], spécialiste de l'intervention psychiatrique humanitaire, le PTSD est une construction occidentale destinée à imposer un modèle « médical » sur les souffrances des peuples en guerre, favorisant l'émergence d'une véritable industrie du traumatisme, exportable dans toutes les cultures. Comme la reconnaissance de la victime est liée à celle du PTSD, ce sont les premiers qui l'ont emporté. Mais qu'y ont gagné les victimes ?

Mettant en parallèle les victimes et les cliniciens pendant ces années de conquête, Richard Rechtman, cité précédemment, donne une clé pour comprendre l'essor d'une discipline récente : la victimologie. Victimes et cliniciens ont lutté ensemble pour la reconnaissance de leur statut qui allait de pair avec la visibilité scientifique des troubles post-traumatiques. Mais, remarque-t-il, « ce singulier rapport de légitimité morale entre une catégorie diagnostique – les troubles post-traumatiques – et la catégorie sociale – les victimes – sur laquelle elle s'applique entraîne une profonde modification du rapport que la psychiatrie entretient habituellement avec la vérité[12] ».

De quoi s'agit-il ? Selon le DSM III (1980) puis IV (1992), la condition de victime est affirmée à partir du moment où le sujet a « vécu » l'événement traumatique. Il n'est même plus nécessaire de le raconter. Mais pour conquérir une légitimité sociale et surtout la conserver, la caution psychiatrique devient indispensable. La parole de la victime potentielle n'est plus soupçonnable, le doute porte sur celle du clinicien qui peut ou non certifier que son patient est une victime. À cet effet, il recherche la certitude de l'événement traumatique, de ses conséquences et l'absence d'antécédents psychiatriques. Fort de ces éléments, c'est lui qui peut affirmer que son patient est ou non une victime. La distinction entre le vrai et le faux continue d'exister mais elle se déplace sur le clinicien : a-t-il fait un bon ou un mauvais diagnostic ? « Désormais, ce sont l'événement et le registre de l'énonciation victimaire portée par la clinique psychiatrique qui fondent la condition de victime », conclut Rechtman, et non ce qu'en énonce l'intéressé. C'est encore plus vrai pour les enfants dont la parole n'est « crédible » que si un expert la juge telle.

Ainsi, la psychiatrie de la fin du XXe siècle n'a pas seulement changé son mode de classification. Elle a considérablement élargi son champ d'application. En France, depuis la circulaire du 14 mars 1990 relative aux orientations politiques en santé mentale, elle a pour mission de traiter les maladies mentales et de promouvoir la santé mentale. Sur ce terrain, différent de celui de la maladie, elle n'est qu'un élément du vaste marché du bien-être, de l'équilibre intérieur, de la qualité de la vie, voire de l'amélioration des performances. La « souffrance psychique » ne se réduit plus à la maladie mentale : le « mal-être » qui peut nécessiter une intervention médicamenteuse ou psychothérapeutique entraîne une hausse considérable des besoins en soins psychiatriques, en même temps qu'une « véritable culture du malheur intime s'est instituée dans notre société [13] » avec son corollaire, l'exigence du « bien-être ». Dans ce contexte, toute personne qui souffre peut se revendiquer « victime » et être considérée comme telle : sa souffrance est une injustice, ne pas souffrir devient un droit.

Nul ne doute que la victime y gagne en reconnaissance.

Un professeur de droit comme Robert Cario, qui a consacré sa vie professionnelle à la réflexion sur les victimes, avance la définition suivante : « Doit être considérée comme victime toute personne en souffrance. De telles souffrances doivent être réelles, personnelles, que la victimisation soit directe ou indirecte, réelle, c'est-à-dire se traduire par des traumatismes psychiques ou psychologiques et/ou des dommages matériels avérés, socialement reconnus comme inacceptables, et de nature à justifier une prise en charge des personnes concernées. Passant selon les cas par la nomination de l'acte, ou de l'événement par l'autorité judiciaire, administrative, médicale ou civile, par l'accompagnement psychologique et social de la (des) victime(s) et par son (leur) indemnisation [14] ». Plus lapidaire, l'Américain John Taylor affirme (pour le dénoncer) : « Si vous pouvez établir un droit et prouver que vous en êtes privé, alors vous acquérez le statut de victime [15]. »

3.
Aider les victimes

La connaissance et la reconnaissance des victimes ont, aujourd'hui, de puissants relais qui font, en quelque sorte, le pont entre la psychiatrie dans sa fonction diagnostique et la justice dans sa fonction réparatrice. En se mettant au service exclusif des victimes, ces relais deviennent des institutions créatrices d'emplois et de savoir-faire – en principe pour le meilleur. Cependant, nous ne nous interdirons pas d'y jeter un regard critique et bienveillant – toujours pour le meilleur.

Une nouvelle discipline : la victimologie

Parallèlement aux travaux sur le traumatisme, la victimologie a commencé à se développer à la fin des années 40 en Europe. C'était alors la réplique en miroir de la criminologie. Le terme lui-même semble avoir été utilisé pour la première fois par un avocat autrichien, Benjamin Mendelsohn, lors d'une intervention à un congrès de psychiatrie en 1947, intitulée « De nouveaux horizons bio-psychosociaux : la victimologie ». En assurant la défense des accusés, il lui était apparu que la victime avait un rôle dans le passage à l'acte du criminel. Les relations entre le criminel et la victime, ou plus précisément la contribution de la victime à l'acte criminel, ont marqué la naissance de la victimologie. La question posée était clairement : en quoi la victime est-elle coupable ? À preuve les premières typologies de victimes que Mendelsohn classe en trois groupes :

- les victimes innocentes ;
- les victimes ayant collaboré à l'action nocive (victime provocatrice, victime par imprudence, victime volontaire, victime par ignorance) ;
- les victimes ayant joué un rôle exclusif dans l'action (victime agresseur, victime simulatrice, victime imaginaire).

Nombre de victimologues ont émigré aux États-Unis et au Canada pendant la Seconde Guerre mondiale. Avant de revenir vers l'Europe, la victimologie s'est développée sur le continent américain en ayant la (mauvaise) réputation d'être l'« art de blâmer la victime ». Pour ne donner qu'un seul exemple, dans les années 60, une étude sur 588 dossiers d'assassinats à Philadelphie a montré que dans 26 % des cas, la victime avait utilisé une arme la première. Cela n'a pas déclenché la moindre polémique. Mais lorsque, en 1967, une étude sur le viol (étude AMIR) a mis en cause les femmes qui en avaient été victimes, les mouvements féministes se sont déchaînés et les victimologues ont dû revoir leur copie.

C'est ainsi qu'à partir des années 70, le féminisme a eu une action décisive sur le changement d'orientation de la victimologie, quelle que soit la nature du traumatisme. À partir du modèle des femmes battues et violées, si longtemps méprisées ou ignorées, mais enfin reconnues, il ne s'agissait plus de savoir en quoi la victime pouvait être coauteur du traumatisme mais de poser que celle-ci était a priori innocente. Depuis, la victimologie a intégré les apports de l'étude des traumatismes pour se mettre entièrement au service de la reconnaissance de l'« être-victime », ce qui est bien le moins puisque, sans victime, pas de victimologie. Réciproquement, les victimes ont besoin de la victimologie pour être perçues comme des êtres humains dont l'essence a été atteinte mais que la victimologie peut aider à réparer[1].

La dérive quasi inévitable dont certains victimologues sont conscients est de considérer la victime comme un être à part, englué dans la souffrance engendrée par le traumatisme en faisant abstraction de la situation politique, sociale et psychique. Rejoignant les idéaux du DSM III, la « bonne » victime n'a pas d'inconscient : elle ne jouit pas, elle n'est pas ambivalente, elle ne rationalise pas, elle met tout en œuvre pour être « reconnue », indemnisée et pour que l'auteur de son traumatisme soit puni afin qu'elle puisse « faire son deuil » et se reconstruire. Ces victimes-là n'existent pas et n'existeront jamais, mais qui va le reconnaître ?

On ne peut pas ne pas remarquer à quel point la victimologie est en phase avec l'idéologie de la société où elle prospère : avant les années 70, elle n'a pas contribué à faire reconnaître les victimes puisque, confirmant les a priori qui régnaient, il s'agissait de démontrer qu'elles n'étaient pas innocentes. Sous les coups de boutoir des victimes elles-mêmes et de ceux et celles qui les défendaient, elle a fini par se mettre au service des victimes, accompagnant un mouvement qui a trouvé un immense écho politique. Depuis 1990, la création de diplômes universitaires de troisième cycle de victimologie consacre ses nouvelles orientations. Thèses, mémoires, recherches, publications ayant pour sujet les victimes abondent. Des centres de victimologie voient le jour. Le champ est vaste sinon disparate, puisqu'il s'agit de traiter l'« ensemble des conséquences médicales, juridiques, socio-économiques, professionnelles, psychologiques d'un accident traumatique ». Le personnage central étant la victime, on laisse imaginer l'hétérogénéité des disciplines qui s'y intéressent. Toute contribution susceptible d'éclairer un aspect de la condition de victime est bonne à prendre. La victimologie attire de plus en plus de juristes et de professionnels de terrain, tandis que les étudiants en psychologie prennent d'assaut les UER de victimologie car les débouchés professionnels sont vastes. L'intérêt à définir des êtres humains par leur condition de victime est patent. Mais qui oserait émettre l'idée qu'offrir un cadre spécifique au statut de victime n'a pas que des avantages (même si cela en a) ? Et qui pourrait s'autoriser à mettre en question la compétence et la motivation de ceux qui, à l'instar des victimes, gagnent leur statut social à s'occuper exclusivement des victimes ?

Les associations de victimes

Hormis les associations d'anciens combattants, les associations de victimes ou d'aide aux victimes sont apparues en 1983, dans le prolongement du rapport d'étude du professeur Paul Milliez qui en préconisait la création. Un drame individuel devient l'occasion de défendre ses droits ou une cause collective via l'association. Chacune a sa spécificité : les victimes d'infractions pénales, les femmes battues et/ou violées, les enfants maltraités, les victimes de discriminations, les victimes des sectes, les personnes âgées victimes, les victimes d'erreurs médicales. Et pour chaque cause, il existe plusieurs associations, car une nouvelle victime se reconnaît rarement dans une association existante et préfère en créer une nouvelle. Si bien que certaines d'entre elles, au nom ronflant, ne fédèrent que quelques personnes. Selon son origine, une association peut réunir les parents des victimes d'un même drame (le crash de Charm el-Cheikh, l'incendie sous le tunnel du Mont-Blanc), ou les victimes elles-mêmes (*Erika*, AZF) pour obtenir réparation. D'autres associations s'emploient à porter assistance aux futures victimes d'un drame similaire qui devient une cause collective : Aide aux parents d'enfants victimes (Apev) fondée après l'assassinat de la petite Delphine Boulay en août 1988, SOS Attentats fondée en 1986 par Françoise Rudetzki, elle-même victime de l'attentat du Grand-Véfour en 1983, Ligue contre la violence routière créée par Geneviève Jurgensen après la mort de deux de ses enfants. Depuis 1986, l'Inavem (Institut national d'aide aux victimes et de médiation) fédère un ensemble de cent soixante associations réparties sur tout le territoire national. Financée par plusieurs ministères, elle a pour mission l'accueil, l'écoute, l'information, l'orientation et, plus récemment, l'accompagnement des victimes.

Mais la fonction des associations va bien au-delà des buts décrits dans leurs statuts. Leur force est d'avoir fait passer l'état de victime de l'ignorance à la reconnaissance. On sait que l'absence de reconnaissance peut provoquer des blessures aussi intenses que le traumatisme lui-même. Subir ne permet pas d'obtenir réparation. Le témoignage de reconnaissance ne vient que si l'on agit. Les associations se sont donné la mission implicite d'obtenir la reconnaissance là où régnaient l'occultation, la discrimination et la stigmatisation. À entendre les représentants des associations, c'est grâce aux médias et à un discours parfois jusqu'au-boutiste qu'ils ont arraché de haute lutte à un gouvernement indifférent et à des juges très partagés de nouvelles lois (la reconnaissance du statut de victime civile de guerre, la possibilité pour les associations de se constituer partie civile au procès ou l'amélioration des indemnisations), et réussi à faire évoluer les mentalités. On peut néanmoins reconnaître que, dès 1982, une commission présidée par le professeur Milliez a rendu compte des attentes et besoins des victimes au garde des Sceaux (Robert Badinter) qui a installé un Bureau de la protection des victimes au ministère de la Justice la même année. En 1999, une nouvelle commission, désignée par le Premier ministre et présidée par Marie-Noëlle Lienemann, a émis plus d'une centaine de propositions : « Pour une nouvelle politique publique d'aide aux victimes ». Le numéro vert national date de cette époque. En 2004, le Premier ministre, Jean-Pierre Raffarin, a nommé Nicole Guedj secrétaire d'État aux Victimes pour s'occuper des victimes du passé, de celles d'aujourd'hui, mais aussi des victimes potentielles[2], ce qui fait du monde. Lors du changement de gouvernement, Dominique de Villepin n'a pas confirmé cette attribution, mais Nicolas Sarkozy, ministre de l'Intérieur, s'est institué « défenseur de toutes les victimes ». Si changement il y a, c'est bien dans le souci des politiques de consulter les associations quant aux décisions qui les concernent, mais aussi quant à celles qui concernent les fauteurs de troubles : pédophiles, criminels, chauffards, violeurs, terroristes, etc.

Ainsi, les victimes, via les associations, défendent l'intérêt général… aux côtés de l'État ! Est-ce véritablement leur place ? Peuvent-elles être juges et parties ? Ne vont-elles pas toujours dans le sens d'une répression accrue en se nourrissant des injustices passées ? Ne sont-elles pas instrumentalisées par un gouvernement qui leur donne l'illusion de les satisfaire en se défaussant sur elles pour justifier une politique toujours plus répressive ? Les États-Unis nous ont précédés et, là-bas, les mouvements de victimes sont depuis longtemps récupérés par les politiciens les plus conservateurs. Alain Boulay, président de l'Apev, est parfaitement conscient des cadeaux empoisonnés que constituent certaines propositions. À la question : « Êtes-vous favorable à ce que les victimes soient associées à la décision d'accorder la liberté conditionnelle à des détenus ? », il répond : « Nous sommes absolument contre et serons toujours contre. Les victimes n'ont pas à prendre la responsabilité d'une remise en liberté. Cela doit exclusivement dépendre des magistrats. Les victimes ne peuvent être juges et parties. On ne pourrait être que systématiquement contre les remises en liberté. En plus, il n'y a aucun rapport entre la récidive et le fait que les victimes soient sollicitées. Nous demandons simplement qu'elles soient tenues informées dans les cas de libération conditionnelle, et seulement dans ces cas, qu'elles soient respectées[3]. » Toutes les associations ne partagent pas ce point de vue. Michèle Bernard-Requin, ancienne vice-présidente de l'Inavem et actuelle conseillère auprès de la cour d'appel de Paris, invite les associations à « rester à leur place quand la justice s'en mêle ». Elle ajoute : « Il ne faut pas que l'association, représentant un intérêt particulier, prenne le pas sur le ministère public qui, lui, représente la société. Souvent les victimes d'une catastrophe aimeraient dicter la sanction pénale. Il faut que leur parole soit entendue mais que le procès reste l'affaire de la justice[4]. » On ne saurait indiquer plus clairement que certaines associations se sentent investies de la mission du procureur, à savoir la défense de l'intérêt général. Geneviève Jurgensen, porte-parole de la Ligue contre la violence routière, pressent cette dérive lorsqu'elle déclare à propos de la parole de la victime : « On est passé de rien à une voix presque intimidante. Est-il vraiment sensé de mettre la victime au centre du tribunal plutôt que le prévenu ou l'accusé[5] ? »

Le contraire est-il encore possible dans une société où le prestige de la victime est supérieur à celui du héros ? Nul ne pouvait prévoir que l'admiration dont jouissent ceux qui luttent pour faire reconnaître leur statut de victime deviendrait bien supérieure à celle qu'on porte aux personnes qui ont le courage de risquer leur vie pour défendre la liberté ou la justice. Il faut croire qu'en soutenant même a minima les victimes, on est sûr de ne pas se tromper de cause. Les engagements politiques du passé ont été source de tant de déceptions et d'erreurs, le monde est si complexe qu'il est difficile de s'engager politiquement avec conviction et bonne conscience. Les acteurs de cinéma du monde entier, dont la sincérité n'est pas en cause, ne s'y trompent pas : soutenir les victimes est bon pour leur image et ne risque pas de nuire à leur carrière. La cause des victimes a le mérite de paraître juste et d'interpeller les politiques de quelque bord qu'ils soient, simplifiant les choix et la réflexion. Toute critique de cet engagement devient par là même quasi inaudible.

La prise en charge psychologique des victimes

L'expression « Les psychologues sont sur place » finit par en agacer plus d'un. Pourtant, ne pas abandonner les gens à leur souffrance est un progrès, et avoir pour ambition de prévenir les conséquences psychiques immédiates ou lointaines d'un traumatisme l'est aussi. Essayons alors de comprendre les modèles qui inspirent la prise en charge immédiate des victimes en France (ou par des équipes françaises à l'étranger). Chaque pays ayant sa culture propre et ses critères d'évaluation, les polémiques sur le bien-fondé et l'efficacité de telle ou telle action ne manquent pas.

Stress et traumatisme

Pour comprendre les différences entre les Français, d'une part, et les Anglo-Saxons, de l'autre, il faut savoir que pour ces derniers, il n'y a pas de différence de nature entre un stress et un traumatisme, mais une différence de degré.

Fortement imprégnée par la psychanalyse, l'école française distingue le stress du traumatisme tant au niveau du diagnostic que des soins[6]. Pour comprendre cette différence, sans reprendre toute la théorie analytique, on peut s'aider, comme le fait François Lebigot[7], psychiatre des armées, du schéma métaphorique de l'appareil psychique que Freud propose dans *Au-delà du principe de plaisir*. Freud représente l'appareil psychique comme une vésicule vivante arrondie limitée par une membrane chargée d'énergie positive qu'il appelle « pare-excitation ». Celle-ci est destinée à protéger la vésicule (le psychisme) d'un trop-plein d'excitation. L'angoisse, par exemple, renforce la charge de la membrane et donc sa défense. Il y a stress quand l'appareil psychique subit une forte excitation, un écrasement de la vésicule qui entraîne une souffrance mais sans effraction de la membrane. Une fois la menace disparue, la vésicule reprendra sa forme initiale et la souffrance psychique cédera en quelques heures, quelques jours, voire quelques années, en cas de deuil par exemple. Il y a traumatisme quand une menace vitale surprend le sujet au repos. L'image qui véhicule la menace vitale pénètre dans la vésicule et s'y incruste tel un « corps étranger interne ». Cette incrustation d'une image de la mort (celle du sujet lui-même ou celle de la mort de l'autre) est associée à une sensation d'effroi, de sidération, car elle ne rencontre aucune représentation : « Il n'y a plus de mots, plus d'idées pour exprimer le néant qui s'installe, le sentiment d'abandon domine et peut être à l'origine de troubles difficiles à comprendre par le sujet lui-même et par son entourage quand il se transforme en sentiment actif : se faire abandonner[8]. » La disparition de la cause n'influera pas sur les troubles psychiques qui sont liés à la présence de ce « corps étranger interne ». Ceux-ci peuvent apparaître immédiatement et/ou des années plus tard, quand apparaît un syndrome de répétition traumatique, avec par exemple un rêve récurrent. Le psychanalyste Jean-Bertrand Pontalis décrit ainsi le rêve traumatique : « Le rêve traumatique est flashback et arrêt sur image, il ne représente rien d'autre que l'événement. Il le rend à nouveau présent, il le répète ou mieux il le re-produit, lui conférant par là plus d'intensité même qu'il n'en avait dans le réel. Il est plus proche en cela du cauchemar qui figure de l'informe et laisse le sujet seul et démuni devant cette menace perpétuée. »

Un stress et un traumatisme peuvent être associés en se renforçant l'un l'autre, mais l'absence de manifestations de stress ne veut pas dire qu'il n'y a pas eu de traumatisme. On voit ainsi certaines personnes qui ne semblent pas particulièrement affectées ; elles restent totalement maîtresses d'elles-mêmes en affrontant la situation, mais sont néanmoins traumatisées et cela ne se manifestera que plus tard. La nature traumatique d'un événement est donc impossible à certifier d'emblée, et même à court terme : elle ne peut se faire que dans l'après-coup, parfois des mois ou des années après l'événement. Il est alors très difficile de prouver qu'il y a un lien entre les symptômes récemment apparus et un événement beaucoup plus ancien. Les psychiatres remarquent cependant que cette « phase de latence », qui peut s'assimiler à un refoulement ou à un déni du traumatisme, devient de plus en plus courte, ce qui peut éventuellement être mis sur le compte d'une meilleure tolérance de la société à ces manifestations depuis qu'elles sont mieux connues[9].

Les cellules d'urgence médico-psychologique

Au moment où survient la catastrophe, l'urgence n'est pas de différencier le stress du traumatisme mais, si possible, d'atténuer la souffrance par une prise en charge immédiate. C'est dans cette perspective qu'après l'attentat terroriste de la station RER Saint-Michel à Paris (26 juillet 1995), le président de la République, Jacques Chirac, a chargé Xavier Emmanuelli, ministre de l'Action humanitaire d'urgence, de prendre en charge précocement les blessures psychiques au même titre que les blessures physiques.

Ainsi sont nées les cellules d'urgence médico-psychologique (CUMP) sous l'impulsion du médecin général et professeur Louis Crocq, connu pour ses travaux dans le domaine du psycho-traumatisme.

Depuis leur création, les cellules d'urgence médico-psychologique, rattachées au Samu, ont rapidement diversifié leurs actions « à la demande » : attentats, enfants pris en otages dans une école de Neuilly en 1995, explosion d'AZF à Toulouse (21 septembre 2001), inculpation d'un instituteur pédophile en Normandie en 2004, incendies dans plusieurs immeubles parisiens vétustes et dans une tour d'habitation du Val-de-Marne en 2005. On les a également vues lors de l'abattage d'un troupeau de vaches atteintes de la maladie de la vache folle, de l'annonce de plans sociaux, de la fermeture d'entreprises, sans oublier bien sûr le tsunami du 26 décembre 2004 en Asie du Sud-Est. Elles ont été sollicitées sept cents fois en 2000 (probablement bien davantage depuis), et la presse peut à chaque occasion titrer sans crainte de se tromper : « Les psychologues sont sur place », tandis que les actualités télévisées, qui sont déjà elles aussi « sur place » ou dans les aéroports, nous montrent des personnes un peu hébétées, mais pas suffisamment peut-être, puisque certaines évitent soigneusement les porteurs du sigle Samu Psy qui voudraient tant qu'elles viennent leur parler. Ces images donnent d'ailleurs une impression caricaturale, autant des psychiatres et des psychologues, qui font un travail considérable sur place et en aval, que des victimes. Mais les téléspectateurs peuvent être rassurés : la société s'occupe des victimes !

On peut néanmoins se demander si les interventions des CUMP au prétexte de minimiser la souffrance psychique, toutes causes confondues, sont toujours justifiées.

Dans les conflits sociaux, la privatisation de la souffrance gomme la dimension politique en dégageant à bon compte la responsabilité de la société [10]. Toutes proportions gardées, les Bosniaques qui ont trouvé refuge en Suisse ont refusé de « retravailler » leurs difficultés en psychothérapie, mais réclamé un travail rémunéré pour retrouver leur indépendance, postulant que le reste suivrait. Et les interventions de psychologues parachutés dans les écoles auprès d'enfants et d'adolescents sont loin d'être toujours bien accueillies.

Tout se passe comme si l'éclatement des microstructures sociales et des solidarités entraînait une sorte de phobie de la souffrance de l'autre en même temps qu'une compassion à distance. La société se défausse ainsi sur des professionnels d'une aide qui relèverait normalement de l'entourage, mais dont celui-ci évite de s'encombrer.

Le débriefing

La technique la plus utilisée dans les soins post-immédiats, le débriefing, a pour objectif de prévenir l'apparition d'un stress post-traumatique (selon la nomenclature du DSM IV) et les conséquences à long terme du traumatisme.

Le débriefing a été pratiqué pendant la Première Guerre mondiale pour permettre aux soldats de surmonter leurs réactions au combat et de retourner au front. D'où l'idée qu'on doit intervenir rapidement sur les lieux mêmes

« dans une perspective positive orientée vers l'action* ». Nous en voyons les traces en Belgique ou en Hollande, où certaines entreprises proposent des « packages de débrie-

---

* Thomas Salmon, avant la Première Guerre mondiale, avait été médecin à l'immigration d'Ellis Island. En 1917, les Américains, sur le point d'intervenir dans la guerre, ont envoyé une commission d'observation en Europe dont Thomas Salmon faisait partie. Sa mission était de faire une synthèse des expériences anglaises et françaises et d'élaborer un programme de prévention et de traitement des névroses de guerre. Son programme, précédé de deux exigences : ne pas diagnostiquer, ne pas donner de médicaments à l'exception de sédatifs momentanés, tient en quatre mots : proximité, immédiateté, *expectancy* (le mot « attente » ne rend pas la charge d'espérance contenue dans le mot anglais) et simplicité.

Françoise Davoine et Jean-Max Gaudillière, dans *Histoire et trauma. La folie des guerres* (Paris, Stock, 2006), font de ces principes un guide pour les analystes affrontés à l'urgence des traumatismes et de la folie : « Proximité ouvre un nouvel espace de fiabilité face au chaos. Immédiateté une temporalité vivante au contact de l'urgence. *Expectancy* construit l'accueil au retour de l'urgence. Simplicité la nécessité d'en faire état sans jargon. » Ils dénoncent le galvaudage des principes de Salmon « en recettes bon marché ». « Proximité » devient rapidement un slogan pour la déshospitalisation et le retour à la communauté, avec réduction du coût de journée (et accroissement proportionnel de la « stupéfiance » des populations). « Immédiateté » fonctionne évidemment comme un encouragement pour des thérapies courtes fondées sur le *problem solving*, sans aucune référence à l'Histoire. *Expectancy* prêche subrepticement l'adaptation aux idéaux du groupe, sous couvert du retour dans un collectif dont la pression a précisément rendu le patient fou. « Simplicité » se réduit enfin au simplisme, affalant dans la bêtise le haut niveau de recherche atteint par la folie (p. 202).

fing » à leurs employés après un stress, sorte de remise en forme pour reprendre plus vite le travail, tandis que les assureurs font de même en guise de « réparation » après un accident collectif. En France, il existe plusieurs organismes associatifs ou privés proposant un « débriefing en entreprise ».

Lors de la Seconde Guerre mondiale, le concept a évolué : les pilotes des patrouilles aériennes assistaient, avant le vol, à un « briefing ». À leur retour, ils racontaient au cours du « débriefing » comment la mission s'était déroulée. Il s'agissait d'échanges techniques où les états d'âme étaient bannis. Progressivement, on a concédé aux pilotes la possibilité de faire état de leurs émotions. Vers la fin de la guerre, le général Marshall, soucieux d'évaluation, a montré que les soldats appréciaient cette « expérience morale réconfortante ». Et le principal critère de réussite du débriefing est resté le taux de satisfaction des personnes concernées.

Mais aujourd'hui, quand on parle de débriefing, on se réfère à un modèle américain plus récent, celui du psychologue Mitchell, lui-même ancien pompier. Celui-ci a inventé et formalisé à partir de 1983 le débriefing entre pairs à l'intention des groupes de sauveteurs professionnels (pompiers, policiers, ambulanciers, militaires), destinés à revivre ensemble des expériences similaires à plus ou moins brève échéance. Ce n'est que secondairement qu'il s'est soucié de l'étendre aux accidentés eux-mêmes et aux proches des victimes*.

* Curieusement, mais c'est peut-être parce qu'il n'est pas psychiatre, Mitchell prévient d'emblée que son débriefing n'a aucune visée thérapeutique !

Il a pour objectif d'atténuer le niveau de stress dû à l'événement et de favoriser le processus de récupération chez des sujets normaux soumis à un événement anormal. Se déroulant selon un protocole extrêmement long*, détaillé et précis, le débriefing se termine de façon très pédagogique par l'enseignement de diverses stratégies de survie au stress. Les psycho-traumatologues américains ont toujours pour consigne d'être didactiques et de « positiver ». Mitchell insiste aussi énormément sur la préparation du débriefing, ses indications, ses contre-indications, ainsi que sur la nécessité de poursuivre le travail commencé en fonction de la demande, ce qui, dans bien des cas, est totalement négligé. Le débriefing, tel que Mitchell l'a conçu, n'est donc pas une procédure de routine.

Alors même que la France commençait à élaborer le processus de prise en charge psychologique des victimes[11], chez les psychiatres anglo-saxons, une polémique s'engageait sur l'efficacité voire la nocivité du débriefing systématique standardisé, aujourd'hui généralisé de façon souvent discutable, pour des situations aussi diverses que les inondations, les prises d'otages, les femmes violées, les parents des victimes après un crash. Toutes les études font état d'un effet positif à court terme : les victimes se sentent immédiatement soulagées et apaisées. Leurs symptômes

* Le débriefing se décompose en sept phases successives bien distinctes : l'introduction, les faits, les réflexions, les réactions, les symptômes, la phase didactique, la rentrée.

diminuent ou disparaissent dans un délai raisonnable (mais ils peuvent réapparaître). D'où le succès du débriefing. Cela étant, il ne s'agit que des effets immédiats sur le stress. Pour ce qui concerne le traumatisme lui-même, dont les conséquences apparaîtront plus tard, aucune étude à l'heure actuelle n'apporte de réponse satisfaisante, tout simplement parce que les auteurs anglo-saxons ne différencient pas le stress du traumatisme.

Les spécialistes francophones réservent le débriefing de Mitchell aux professionnels qui ont été confrontés au réel de la mort. Et ils préconisent l'intervention psychothérapique en post-immédiat (IPPI) dont le protocole est beaucoup plus souple. Celui-ci est fondé sur la verbalisation spontanée de l'expérience vécue pour toutes les personnes présentes sur les lieux de la catastrophe dans les soixante-douze heures qui la suivent, en groupe, et en présence de deux professionnels. Cette technique, parfois qualifiée de « plus humaine », doit permettre de débarrasser l'expérience de sa force morcelante pour sortir de la sidération et de l'effroi. Elle nécessite le respect de quelques règles et une compétence certaine, notamment pour éviter d'émettre un jugement normatif sur les émotions exprimées ou de croire que le traitement a pour but de « donner un sens » au trauma. Comme le dit avec la force de l'expérience François Lebigot, « nous n'avons jamais vu un patient guérir en donnant un sens à ce qui lui est arrivé et nous imaginons leur étonnement si nous leur demandions quel sens le trauma a pour eux. On obtiendrait parfois des réponses qui iraient dans le sens de fautes diverses commises dans le passé et en attente d'un châtiment. Il y a de quoi nourrir une nouvelle psychothérapie[12] ».

D'autres entretiens doivent être proposés pour accompagner ce processus et ne sont pas toujours acceptés, ni bien organisés. Cela étant, si l'on adhère à la conception freudienne, on conçoit que le débriefing ait des effets positifs sur le stress immédiat mais qu'il puisse être inopérant sur le traumatisme dont les effets n'apparaîtront qu'à distance.

Les familles des victimes, pendant la période d'attente ou à l'annonce du décès, ne relèvent pas de cette technique mais peuvent bénéficier d'entretiens individuels ou de groupes de parole.

L'approche francophone paraît correspondre davantage à la diversité des interventions sur le sol français, où les grandes catastrophes sont rares, et aucune étude ne disqualifie cette approche sur le court terme. Les Anglais y ont pourtant renoncé au vu des résultats d'études négatives sur ses effets à long terme. Ainsi, il n'y a pas eu d'aide psychologique immédiate après les attentats de Londres en juillet 2005. Les victimes n'étant ni des soldats destinés à retourner au front ni des sauveteurs, il paraissait raisonnable de laisser à chacun la possibilité de suivre son propre chemin sans imposer des programmes préfabriqués contrairement aux règles nouvelles qui tendent avant tout à l'application de protocoles. La diversification et la professionnalisation des prises en charge en fonction des victimes sont encore un vaste chantier[13]. Elles demandent une application tout en finesse, laissant à chacun la liberté de sa demande, sans pressions intrusives pour le faire parler, sans juger celui qui refuse. Certains ont besoin de temps pour faire émerger une demande éventuelle et leur rythme doit être respecté. D'autres apprécient que l'on aille vers eux et se saisissent de cette offre.

Aux États-Unis, le débriefing pour les militaires tend à faire entrer l'individu dans un protocole avec une grille de lecture qui ne tient pas compte de sa singularité, tout en éliminant la subjectivité de l'intervenant, dans la droite ligne des idéaux du DSM. Pour traiter les effets du stress chez les soldats revenant d'Irak, les Américains expérimentent le débriefing en trois dimensions. Il s'agit de recréer une Bagdad virtuelle avec odeurs de viande de mouton grillée et de poudre de balles. Le médecin, de l'extérieur, décide d'ajouter ou non davantage de tirs, d'explosifs ou de bruits d'hélicoptère. Le problème, paraît-il, est que le patient ne veut pas rester dans la salle : il a trop peur ! Le non-engagement du médecin, qui n'est même pas présent, transforme le soldat en cobaye à qui l'on dénie toute intériorité et que l'on prive d'une rencontre humanisante. Il y a effectivement de quoi avoir peur quand la parole n'a plus de valeur.

Et après…

Jusqu'aux années 80, en dehors des périodes de guerre (en Europe et aux États-Unis) et surtout d'après-guerre, les psychiatres, psychologues et psychanalystes recevaient peu de victimes consultant en tant que telles. Certes, leur clientèle, composée de névrosés et de psychotiques, souffrait. Si ces patients n'étaient pas responsables de leur souffrance, celle-ci n'était pas non plus toujours imputable à une cause extérieure : la douleur morale du mélancolique ou du déprimé profond, le délire de persécution du paranoïaque, l'empêchement à vivre du névrosé obsessionnel ou du phobique ne les faisaient pas percevoir comme des victimes de quelque chose, sinon d'elles-mêmes. Sans être « coupables », elles n'en étaient pas pour autant « innocentes », la principale cause de leur souffrance étant leur culpabilité inconsciente, elle-même liée à des événements du passé occultés ou niés, dans leur enfance ou remontant aux générations antérieures.

Depuis un quart de siècle, la prise en charge psychologique des victimes et de leur entourage se systématise : que la consultation soit spontanée ou provoquée (quand les professionnels vont au-devant des victimes), le motif avancé est le préjudice, récent ou plus ancien.

À côté des psychiatres militaires, incontestables spécialistes des traumatisés psychiques, d'autres professionnels se sont spécialisés depuis deux décennies, pour ne s'occuper que de victimes et même seulement de certaines victimes : les femmes victimes de violence conjugale ou les enfants maltraités, pour ne citer que ces exemples. La psychiatrie, qui est déjà une spécialité médicale, peut être une « surspécialité ». Idem pour les psychanalystes et les psychologues praticiens qui ne se consacrent qu'aux victimes dans le cadre de diverses institutions comme les centres de victimologie pour adultes et enfants. D'un autre côté, ceux-ci y côtoient des praticiens d'autres disciplines, ce qui entraîne une participation plus active de la psychiatrie et de la psychanalyse à l'espace public.

Pour les patients, il peut être tout à fait rassurant d'être pris en charge par des « spécialistes », si tant est que cela existe. Inversement, d'autres personnes qui, ayant traversé les mêmes épreuves, pourraient tout autant avoir besoin de soins, répugneront à avoir, par avance, l'étiquette de « victime » qui leur serait apposée si elles consultaient. Les unes parce qu'elles refusent de se voir ainsi réduites à leur préjudice, les autres parce qu'elles ne s'y reconnaissent pas.

Cette surspécialisation a des avantages et des inconvénients pour les praticiens comme pour les usagers. Les praticiens, d'où qu'ils viennent, ont énormément appris des victimes, hommes, femmes et enfants. De multiples ouvrages leur sont consacrés, avec force exemples cliniques à l'appui. Les pratiques de soins se sont multipliées. Les psys sont sortis de leurs cabinets. La diversité implique que les indications soient correctement posées et les résultats exposés avec honnêteté, chaque technique ne visant pas le même but. Quelle que soit la disqualification dont la psychanalyse fait actuellement l'objet, elle n'en reste pas moins, quand elle se refuse à un étiquetage psychiatrique et aux contraintes factices de l'immédiateté, la « seule discipline à faire quelque chose : retrouver la trace du point de rupture, et d'un avant où fantasme et rêve avaient leur place[14] ». Les thérapies cognitivo-comportementalistes n'ont pas le même but et la comparaison ne peut se faire sur des critères prétendument objectifs comme la disparition de tel ou tel symptôme à un moment donné. Les écueils existent des deux côtés : vouloir à tout prix tout ramener à la personnalité telle qu'elle était avant le traumatisme peut constituer un abus ; ne pas en tenir compte du tout, également.

On sait moins que les praticiens n'en sortent pas indemnes et qu'il y a quelque inconvénient à ne voir qu'un seul type de patients, même si chacun se singularise par son histoire. Pour le praticien, la répétitivité amène à rechercher des invariants – confortables – donnant l'illusion de pouvoir aller plus vite dans la compréhension plutôt que de se laisser surprendre, ce qui est toujours dérangeant. Le désir de guérir qui anime chaque soignant est exacerbé lorsqu'il s'agit de victimes récentes et il est parfois fortement mis à mal par des victimes qui ne se comportent pas en « bonnes » victimes : la déculpabilisation compassionnelle ne guérit pas, la fascination pour l'horreur et l'identification à la victime non plus. Certaines associations l'ont compris et mettent en place un contrôle individuel ou collectif de leur pratique et de leurs émotions.

Les psychanalystes, en particulier, sont soumis à rude épreuve lorsqu'ils se trouvent impliqués dans la prise en charge immédiate ou post-immédiate de victimes. Il est pourtant indispensable qu'ils ne confondent pas leur rôle avec celui de l'expert, centré sur la preuve de la matérialité du préjudice, notamment avec les enfants. Paradoxalement, l'écoute du sujet, seul instrument dont dispose l'analyste, implique de se dégager de la cause immédiate de la souffrance. Mais, comme le dit le psychanalyste Philippe Gutton, « le thérapeute s'y blesse, s'y clive, abrase sa propre fonction fantasmatique, c'est-à-dire l'instrument même de son métier[15] ».

Ceux d'entre eux qui travaillent avec leurs patients plus à distance de l'événement traumatique, ou qui vont à la rencontre des personnes traumatisées en France ou dans d'autres cultures, paraissent avoir un point commun qui transparaît dans leurs travaux. Ceux-ci tranchent avec la plupart des récits de cures qui gomment au maximum la présence de l'analyste, ses interventions et surtout ses sentiments : ils rompent délibérément avec l'idée selon laquelle le psychanalyste doit être neutre et, si possible, éloigné par son histoire de celle du patient tandis que sa propre analyse le protégerait de toute réaction inadéquate.

Des psychanalystes comme Françoise Davoine et Jean-Max Gaudillière[16] qui travaillent en hôpital psychiatrique et à leur cabinet avec des patients aux prises avec la folie des guerres ou, dans un autre registre, Christian Lachal[17] qui, dans la lignée de Ferenczi et de Georges Devereux, travaille (entre autres) sur le terrain humanitaire, nous font découvrir que, dans ces situations extrêmes, le contre-transfert* de l'analyste, qui ne se réduit pas à l'empathie,

* Freud définit le contre-transfert comme l'« influence du patient sur la sensibilité inconsciente du médecin ». Mais ces manifestations peuvent aussi être conscientes ou préconscientes, repérables par l'analyste.

est un outil clinique des plus précieux à condition de savoir s'en servir. L'histoire de la lignée de l'analyste inscrite dans l'Histoire avec un grand H, sa culture au sens large, ses propres associations ne peuvent être évacuées ; au contraire, elles lui servent d'outils avec des patients qui, seuls, peuvent lui apprendre à s'en servir à condition qu'il accepte de rester vulnérable. Autre point commun : ces psychanalystes n'emploient pratiquement jamais le mot « victime »...

Aujourd'hui, de multiples pressions s'exercent sur les personnes qui ont traversé une épreuve susceptible de les faire considérer comme des victimes pour qu'elles aillent « voir un psy » pour « parler de ce qui leur est arrivé ». On peut concevoir les bienfaits de ces traitements sous réserve qu'ils ne deviennent pas une contrainte que les professionnels ou la culture du malheur imposeraient. Parmi les enfants adoptés, par exemple, ceux qui ne souhaitent pas rechercher leurs origines sont à la limite d'être considérés comme « anormaux ». Ne peut-on respecter les dispositifs psychiques de ceux qui veulent oublier ? Peuvent-ils rencontrer des professionnels qui ne les obligent pas à sonder les profondeurs du passé s'ils ne le souhaitent pas ? On a vu aux États-Unis les ravages du *recovering memory* : des psychiatres bien intentionnés ont « aidé » des adolescents, filles et garçons, à se « remémorer » des traumatismes sexuels qui n'avaient pas eu lieu. Les plaintes ont suivi et nombre de parents se sont retrouvés en prison au gré des fantasmes... du psychiatre.

Les familles de victimes en deuil

Avec la médiatisation des familles de victimes, la détresse liée à la perte d'un être cher, la douleur du deuil, surgit dans le social comme un spectacle : les psys témoignent en direct des troubles émotionnels qu'ils ont pour mission d'anesthésier et d'accompagner, tandis qu'on assiste au spectacle dramatique d'une famille décimée, d'un enfant orphelin ou d'un père hébété qui vient de perdre le sien, faisant fi du respect de la vie privée pour le plus grand bonheur du spectateur compatissant. Les hebdomadaires en font leur couverture et les « meilleures » photographies font le tour du monde et obtiennent des prix.

La famille et les proches viennent de perdre un ou plusieurs êtres chers : ils veulent savoir, ils veulent comprendre, ils souffrent atrocement. Et nous souffrons avec eux comme si nous pouvions souffrir pour eux, mais de loin.

La présence des psys auprès des endeuillés devient quasiment un rituel social avec sa contrainte : parler des circonstances de la mort, des derniers instants du disparu, de ce qui a été vécu avec lui. Or, il n'y a aucune nécessité à parler immédiatement après un décès : certains le souhaitent et d'autres pas ; certains expriment bruyamment leur douleur, d'autres sont silencieux ; certains redoutent la solitude, d'autres préfèrent le recueillement. Les manifestations du deuil sont éminemment culturelles, donc différentes d'une personne à l'autre, d'un sexe à l'autre. Mais, après tout, pourquoi les psys ne sauraient-ils pas manifester de l'empathie, écouter ceux qui veulent parler, respecter avec tact ceux qui souhaitent rester seuls, dire une parole de réconfort qui a peu de chances d'être entendue mais qui a le mérite d'être prononcée ? Bref, pourquoi ne sauraient-ils pas combler l'immense déficit de rites de solidarité face à la mort ?

Nous vivons dans une société où la famille accompagne peu les mourants et réduit au minimum les rites du deuil qui donnaient l'idée d'une durée dans l'accomplissement d'un deuil. Il n'y a pas d'équivalent laïque à ce que chaque religion prescrit avec la plus grande précision : les soins que l'on doit porter au corps du défunt, le délai entre le décès et l'enterrement, les prières qui doivent être prononcées, les étapes progressives du deuil, l'accompagnement des endeuillés, les habits que l'on doit porter, les rites qui marquent la fin du deuil à des périodes précises, puis les dates anniversaires où l'on se souvient du mort.

Sans rite, chacun, renvoyé à sa solitude, reprend ses activités au plus vite quel que soit le chagrin éprouvé. La compassion de l'entourage dure peu. Dans la vie de tous les jours, assister l'endeuillé, c'est lui permettre de passer au plus vite à autre chose. Au XXe siècle, dans le langage commun, l'expression « faire son deuil » est employée au figuré sans faire référence à la mort ou à la douleur mais pour exprimer un regret lié à une perte qui peut être un bien (une maison de famille, par exemple) ou un objet ayant une valeur affective. Tout converge pour penser le moins possible à la mort et au mort.

Les familles des victimes font exception tout au moins dans l'instant : de leur deuil on s'inquiète énormément tant du côté des autorités que des professionnels, comme si c'était un devoir de souffrir vite, fort et d'oublier tout aussi vite. Grâce à la psychanalyse et à Freud en particulier, le processus du deuil est mieux connu. Comme d'autres concepts psychanalytiques, le « travail du deuil » est passé dans l'usage courant non sans quelques malentendus.

« Le deuil, dit la psychothérapeute Alice Miller, est la douleur de savoir que les choses se sont passées comme elles se sont passées et que rien ne vient modifier le passé. » Le travail du deuil est ce combat intérieur, conscient et inconscient, qui consiste à refuser d'admettre l'irrémédiable tout en sachant qu'on ne pourra que s'y soumettre, en souffrir et accepter de s'en consoler avec le temps. Ce qui reste le plus secret, c'est l'ambivalence que chacun éprouve vis-à-vis du mort, amour et haine mélangés, que nous le reconnaissions ou pas. C'était l'une des fonctions des rituels religieux du deuil que de se faire pardonner la haine sans la nommer. D'où également l'importance de retrouver le corps ou une preuve matérielle attestant le décès, au besoin avec les technologies les plus pointues (équipes spécialisées dans l'identification, test ADN). Dans le bouleversement qu'introduit un deuil accidentel, l'ambivalence interdit d'admettre le décès s'il n'est pas prouvé : dire qu'un parent est mort sans preuve, c'est presque comme vouloir sa mort et surtout abandonner tout espoir. On sait bien que, lors de la perte d'un être cher, on continue pendant des semaines voire des années à espérer son retour et même à croire qu'on le voit alors même qu'on sait parfaitement qu'il est mort. Le deuil sans cadavre n'est pas impossible mais l'attente d'un retour miraculeux peut être une torture : comment cesser d'espérer quand rien ne vient objectivement mettre un point final à l'espérance ?

La douleur du deuil n'est pas seulement liée à l'ambivalence des sentiments éprouvés. L'absence est douloureuse car elle remet en question toute l'organisation de nos relations avec la personne décédée ainsi que l'attachement qu'on lui portait, quelle que soit sa forme. Le deuil modifie cette relation et fait que vous ne serez jamais plus comme avant : en ce sens, on peut dire qu'un deuil n'a pas de fin même si la douleur s'estompe. Le manque lié à l'absence d'un être cher peut même augmenter au fil des années sans pour autant être au centre de la vie, ce qui rendrait le deuil « pathologique ».

À la fin des procès pour crimes, attentats ou accidents, on entend souvent un proche des victimes déclarer qu'il pourra « enfin faire son deuil » ou, si le verdict n'est pas conforme à ses souhaits, qu'il ne le pourra pas. Les procès ayant lieu souvent des années, voire des dizaines d'années après le préjudice, on s'interroge : est-il souhaitable d'attribuer au procès une vertu que seules les religions possèdent en décrétant qu'après une durée fixée à l'avance, le deuil est terminé ?

« Faire son deuil » ne procède pas d'une décision ; le deuil se fait ou se fait mal pour des raisons qui touchent à l'histoire du sujet, aux deuils antérieurs qu'il a connus, à ses relations avec la personne qu'il a perdue, à l'acceptation de sa propre mort comme de celle de l'autre. Les différents membres d'une même famille ne seront pas affectés de la même façon selon qu'ils ont perdu une mère, une sœur ou une tante. La psychanalyste Ginette Raimbault y voit « une des causes les plus fréquentes et les plus ignorées des difficultés rencontrées au cours d'un deuil commun pour s'aider l'un l'autre[18] ». Certains facteurs entravent le processus du deuil ou ajoutent des souffrances supplémentaires. C'est le cas, nous le venons de le voir, du deuil sans cadavre et du cadavre sans sépulture. La recherche du ou des responsables, l'attente du procès et du verdict, le versement d'indemnités permettent à certains, non de faire leur deuil, qui se fait, bien ou mal, de toute façon, mais de tourner la page, c'est-à-dire de se remémorer de temps à autre le défunt en regardant vers l'avenir, non sans culpabilité parfois. Pour d'autres, ces rituels laïques de l'après-catastrophe n'apportent aucun soulagement, bien au contraire. Tout le monde n'est pas capable de tourner la page au moment où la société signifie qu'il en est temps et qu'elle a donné tout ce qu'il est possible d'espérer en matière de réparation et, bien sûr, la résurrection du mort n'en fait pas partie.

La prise en compte de la souffrance des familles des victimes a probablement un effet de réhabilitation de la mort dans le social, sans que l'on sache si elle en est la cause ou l'effet : étant allé très loin dans la disparition des rites de deuil, on voit apparaître çà et là différentes tentatives, à l'hôpital ou dans les enterrements non religieux, pour rendre la mort plus « humaine », tant pour la personne qui meurt que pour son entourage. Quand les victimes sont mortes brutalement sans assistance, on n'est que plus attentif au vécu des familles.

Mais à qui sert la communication compassionnelle lors des cérémonies collectives de deuil national ? Aux familles ou aux hommes politiques ? Les familles elles-mêmes ne sont pas dupes. Un an après le crash d'un avion allant du Venezuela en Martinique, Magalie, qui a perdu sa mère et sa fille, résume parfaitement ses sentiments alors que les causes de l'accident ne sont toujours pas connues et qu'une cérémonie de commémoration est prévue : « De l'effroi au désespoir, Magalie est passée par toutes sortes d'humeurs sombres pour finalement laisser sourdre une froide colère qui ne la quitte plus. Contre les hommes politiques qui, dit-elle, ont multiplié les “macaqueries” pour “récupérer” l'émotion provoquée par le crash. Contre les magistrats qui tarderaient à identifier les vrais responsables. Contre la plupart des Martiniquais enfin. “Après la solidarité des premiers jours, les gens ont désormais du mal à supporter notre douleur, regrette-t-elle. Pour eux, le temps est venu de passer à autre chose [19].” »

Quand la société civile décrète unilatéralement et en toute bonne conscience que tout doit être réglé, les parents des victimes, qui ne sont pas dans la même temporalité, vivent une exclusion parfois aussi douloureuse que leur deuil. Au lieu de la compassion et de l'empressement initiaux, il leur arrive de rencontrer une intolérance agressive.

Les descendants des victimes

Les enfants des survivants de la Shoah, les arrière-petits-enfants des esclaves, les petits-enfants dont les ancêtres ont connu la colonisation réclament que l'on prenne en compte la spécificité de leurs souffrances. Outre qu'il serait abusif de comparer ce qui n'est pas comparable, une certaine confusion règne dont on se demande si elle n'est pas savamment entretenue. Les traumatismes du passé laissent des traces chez les descendants sans que l'on sache ce qui se transmet et encore moins comment. Sur un plan individuel, nombre de psychanalystes ont montré l'impact de deuils non faits, de suicides dissimulés, d'accidents oubliés, de conceptions irrégulières sur les descendants. Falsifications, non-dits, secrets enfouis sont susceptibles de se transmettre sur une ou plusieurs générations sous forme de répétitions, de maladies somatiques ou d'épisodes psychotiques aigus. Pour les descendants des victimes de la Shoah, qui ont un passé commun justement hors du commun, devenu le génocide de référence, et un passé singulier mais aussi, pour certains d'entre eux, des troubles communs, des dispositifs thérapeutiques spécifiques, individuels ou en groupe, ont été inventés, aussi bien en France[20] qu'aux États-Unis.

Sur un plan collectif, la plupart des pays démocratiques finissent, parfois avec beaucoup de retard, par reconnaître les erreurs du passé, s'en excuser, et réparer leurs fautes auprès des descendants : symboliquement par les commémorations et matériellement quand leurs ascendants ont été spoliés. Le travail des historiens apporte de nouvelles grilles de lecture permettant aux descendants de retrouver leurs racines, de se réapproprier leur histoire quand elle a été déformée par les mensonges, les oublis ou la propagande, mais aussi de pointer les dysfonctionnements politiques. Comme pour les individus, les catastrophes collectives ont des incidences sur les peuples.

Sur les deux plans – individuel et collectif –, il importe toutefois de se garder d'un usage perverti de la mémoire pour les descendants des victimes, surtout quand les coupables ont été reconnus, jugés et les réparations obtenues. Même s'ils héritent d'une souffrance, ce qui est indéniable, les descendants n'ont pas obligation, au nom de leurs ancêtres, de raviver les traumatismes qu'ils n'ont pas vécus pour assouvir leur ressentiment voire leur vengeance auprès d'une société toujours prompte, elle, à raviver sa culpabilité. Pour que les erreurs du passé ne se renouvellent pas, la mémoire ne suffit pas. C'est envers les injustices d'aujourd'hui, quelle que soit leur nature, sans attendre qu'elles prennent l'ampleur de désastres passés, qu'il nous faudrait réagir.

4.

Victime d'être femme

En paraphrasant Simone de Beauvoir, on pourrait dire qu'on ne naît pas victime, on le devient. Si l'on considère que toute personne qui souffre est une victime, l'extension du domaine de victimisation est sans limites. Qui ne souffre pas ? Qui n'a jamais été l'objet d'un préjudice ? Qui ne s'est jamais senti injustement traité ? Le destin, le coup du sort, la maladie, l'accident, l'injustice, la souffrance au travail sont autant d'occasions à saisir (ou à repousser) pour se sentir victime, s'organiser (ou pas) autour de cette identité, en découvrir les avantages et les inconvénients. Certains s'y engluent, d'autres en sortent. Mais il existe une catégorie d'êtres humains qui seraient victimes par état, ce sont les femmes. La cause de leur victimisation tient en un mot : ce sont les hommes. « Brimades, précarité, violences conjugales, prostitution, criminalité, chômage, sexisme : les femmes sont toujours les premières victimes », déclare Christine Ockrent en préambule du *Livre noir de la condition des femmes*[1].

Il n'en reste pas moins que l'accès progressif des femmes à l'égalité et à la dignité de sujet constitue une véritable révolution dont on peine à mesurer les conséquences alors même que, dans certains pays, il commence juste. Au moins, la situation des femmes opprimées du seul fait d'être femmes n'est-elle plus passée sous silence, ni considérée comme inéluctable. Selon le pays d'origine, on est frappé par l'immense inégalité des femmes entre elles : à classe sociale comparable, naître femme en France ou au Mali ne prédestine pas à un avenir équivalent. Cette inégalité paraît bien supérieure à celle des hommes entre eux. En France, la dynamique égalitaire (qui n'a pas encore abouti à une égalité entre les sexes) a créé une nouvelle forme d'inégalité entre les femmes : assumer féminité, maternité et accomplissement personnel est possible… sous réserve d'en avoir les moyens financiers.

Au nom de la même passion de l'égalité, l'antique domination des hommes était combattue de façon différente jusqu'à une période récente entre l'Amérique, d'un côté, la France et les pays d'Europe du Sud, de l'autre. « Au nom d'un idéal d'équivalence entre l'homme et la femme, l'Amérique prône une sorte de codification maniaque de leurs relations, teintée d'hostilité et de méfiance ; la France, à l'inverse, sans méconnaître ce souci, insiste sur les affinités plutôt que sur les divisions. Au nom de l'émancipation, l'Amérique disjoint, au nom de la civilité, la France relie », écrivait Pascal Bruckner en 1995 [2], pensant par ailleurs que nous avions une petite chance d'être immunisés contre la contagion américaine. Rien n'est moins sûr aujourd'hui.

Cette révolution n'est pas une révolution tranquille. Partout et toujours des femmes ont lutté pour accéder à l'égalité : droit de vote, droit à la contraception, droit à l'avortement, évolution des lois concernant la famille, représentation des femmes en politique sont les luttes du XXe siècle. Trop lente pour certains, trop rapide pour d'autres, cette révolution est de toute façon inachevée : les lois améliorent le sort des femmes mais certaines peinent à être appliquées, notamment la parité en politique ou l'égalité des salaires à compétences égales. Certains progrès que l'on croit irréversibles sont contestés : les militants anti-avortement ne désarment pas, le droit au travail peut être remis en question quand la situation économique s'y prête, certaines femmes revendiquent de porter le voile là où la laïcité voudrait les en débarrasser, les musulmanes vivant en France se disent plus contrôlées et plus réprimées qu'il y a quelques années. Quant au pouvoir économique et financier, celui qui conditionne tous les autres pouvoirs, on est fort loin de la parité, quel que soit le pays considéré.

La victimisation des femmes

Depuis les années 70, de façon beaucoup plus systématique au Canada et aux États-Unis qu'en France et en Europe, les études universitaires menées du point de vue féministe se sont multipliées. Les *gender studies* se sont attachées à « dénaturaliser » le rapport entre les sexes, c'est-à-dire à montrer du « construit » par la culture et par l'histoire là où on ne voyait que du « donné ». Dans cette optique, le rapport de force entre dominant et dominé, entre hommes et femmes, est universel. Le patriarcat est l'origine de la violence. Toutes les formes d'agression se valent car leur fondement est commun : la domination masculine. Cette analyse paraît légitime pour les pays du Sud où la violence est un outil de contrôle social maintenant la subordination des femmes : toutes les femmes ont été, sont ou seront victimes.

Peut-on en dire autant, sans réserve, dans les sociétés démocratiques occidentales où la violence en général, celle des hommes à l'égard des femmes en particulier, est contraire à leurs principes et à leurs lois ? Oui, disent la majorité des féministes. Mais, en pratique, l'interprétation qui prévaut dans nos sociétés est sensiblement différente : sans méconnaître le poids de la culture, les comportements violents sont considérés comme des manifestations individuelles de déviance qui relèvent de la sanction et du soin. Dans ce schéma, certaines femmes ont été, sont ou seront victimes.

Si l'on admet un « continuum de la violence masculine » lié à la domination des hommes, il n'y a pas de différence de nature entre la main aux fesses dans le métro, les insultes, les coups, les mariages forcés, la lapidation d'une femme adultère, l'excision, les femmes « manquantes » car éliminées par avortement ou infanticide en Inde ou en Chine. Pas de différence non plus entre les États démocratiques où la violence, d'où qu'elle vienne, est réprimée, et les États patriarcaux dont les principes traditionnels et religieux oppriment les femmes en toute légalité. C'est pourtant l'amalgame qu'Amnesty International défend : « Partout dans le monde, des femmes subissent des actes ou des menaces de violence. C'est une épreuve partagée, au-delà des frontières, de la fortune, de la race ou de la culture. À la maison et dans le milieu où elles vivent, en temps de guerre comme en temps de paix, des femmes sont battues, violées, mutilées en toute impunité » (rapport 2004). Pour autant, Amnesty ne dit pas que toutes les femmes sont victimes mais seulement « des femmes »...

Les principes des conventions internationales, même s'ils ne sont pas encore mis en œuvre par l'ensemble des pays signataires, sont également imprégnés par le féminisme anglo-saxon : « La violence à l'égard des femmes, y compris le refus du droit au libre choix de la maternité, s'analyse comme un moyen de contrôle de la femme ayant ses racines dans le rapport de pouvoir inégal entre la femme et l'homme qui subsiste encore, et constitue ainsi un obstacle à la réalisation de l'égalité effective de la femme et de l'homme », peut-on lire dans l'article 13 de la Déclaration sur la politique contre la violence à l'égard des femmes dans une Europe démocratique (Rome, 1993).

Nommer, regrouper, chiffrer, légiférer : telle est la stratégie qui fait évoluer la victimisation des femmes. Maryse Jaspard, responsable de la première enquête nationale menée en France sur les violences envers les femmes, reconnaît cependant que « produire des données fiables sur un concept polymorphe et fluctuant est une gageure, même pour les institutions dont la crédibilité scientifique est solidement établie. L'enjeu est tel que les chiffres dès leur publication suscitent de nombreuses polémiques. Même si l'on recentre l'étude comparative sur des pays partageant des valeurs équivalentes, appliquant des législations proches, la complexité du paysage des enquêtes nationales, ou régionales, incite à la prudence. Les synthèses, y compris européennes, demeurent délicates du fait de nombreuses divergences méthodologiques[3] ».

Les organismes internationaux sont loin d'observer cette prudence, mettant sur le compte de « résistances patriarcales » les contestations qui pourtant ne manquent pas en ce qui concerne les chiffres. En les diffusant sans citer leurs sources, ils les officialisent, les rendant par là même incontestables. Dans l'opuscule d'Amnesty, on lit qu'« au moins une femme sur trois a été battue, forcée à des rapports sexuels ou violentée d'une manière ou d'une autre à un moment de sa vie ». Le rapport du Conseil de l'Europe a repris tels quels les slogans des féministes espagnoles lancés en 2003 : la violence domestique est, pour les femmes de seize à quarante-quatre ans, la principale cause de mort et d'invalidité, avant le cancer et les accidents de la route. Au Québec, le chiffre de 300 000 femmes battues et 52 femmes assassinées par leur conjoint ou ex-conjoint chaque année, résultat d'un rapport sur les femmes battues[4], a tenu l'affiche pendant presque vingt-cinq ans. Pourtant, en 2004, l'Institut de statistique du Québec a comptabilisé 14 209 femmes se disant victimes de violences conjugales ; et la Sécurité publique du Québec en 2000-2001 a dénombré 14 femmes et 7 hommes assassinés par leur conjoint. C'est encore trop, bien sûr, mais il en résulte que les chiffres gonflés et repris complaisamment expriment davantage le souhait de confirmer des préjugés que la recherche de la vérité.

En France, en 2001, une première enquête[5] largement médiatisée, issue d'un sondage, a révélé un « indice global » de violence conjugale de 10 %. Ce chiffre est la somme de divers faits transgressifs : insultes et menaces verbales : 4,3 % ; chantage affectif : 1,8 % ; pressions psychologiques : 37 % ; agressions physiques : 2,5 % dont répétées : 1,4 % ; viols et autres pratiques sexuelles imposées : 0,9 %. Nul ne peut plus ignorer que « 10 % des femmes sont victimes de violences conjugales » car cette affirmation est reprise comme une évidence chaque fois que le sujet est abordé dans la presse, à la télévision ou par les pouvoirs publics.

Dans les sociétés où l'égalité entre les hommes et les femmes est inscrite dans la loi et progresse dans les mœurs, on tend à considérer comme « violents » toutes sortes d'actes transgressifs qui ne sont pas nouveaux, mais qui n'étaient pas perçus comme tels et encore moins sujets à revendication. « À l'aveuglement relatif de la vieille société inégalitaire succède une vigilance exacerbée par une société d'"égaux" », relève très justement Georges Vigarello[6]. Ou, dit autrement par Antoine Garapon : « L'égalité démocratique ne supporte plus l'exception des mœurs. Le droit doit apporter la même protection de la dignité dans le comportement religieux, amoureux, professionnel ou universitaire. Il ne tolère plus ces espaces de non-droit, ces immunités de fait. Le juge pénal est convoqué pour dénoncer une inégalité jusque-là sourdement tolérée pour requalifier des rituels sociaux et disqualifier toute autorité, fût-elle domestique ou politique[7]. » Il s'ensuit que le contrôle public de l'espace privé s'accroît en même temps que l'exhibition privée dans l'espace public (à la télévision notamment) ne connaît plus de limites[8].

Les questions posées dans les sondages sont révélatrices de l'émergence d'un nouveau cadre normatif : l'agression psychologique comme premier seuil de la violence. Elle occupe une place prépondérante dans l'enquête ENVEFF. Mais celle-ci ne concerne que les femmes, ce qui est une façon de conforter l'idée selon laquelle seuls les hommes sont violents et les femmes victimes. Dans un sondage BVA qui questionne les hommes et les femmes[9], l'agression psychologique se décline en remarques désagréables, critiques dévalorisantes, mépris des opinions, bouderies, décisions de dépenses importantes sans tenir compte de l'avis du conjoint, harcèlement jaloux. La proportion des hommes qui se disent « victimes » est à peu près équivalente, voire supérieure selon la question posée, à celle des femmes. Cela donne une tout autre idée de la violence conjugale et probablement une idée plus juste de certaines relations entre hommes et femmes[10].

Alors que les chercheuses québécoises ont reconnu que leur enquête de 1980 était biaisée, Élisabeth Badinter, qui a été la première à critiquer point par point l'enquête ENVEFF pour l'amalgame de situations très diverses et l'idéologie féministe qui la sous-tend[11], s'est attirée les foudres de certaines féministes, étant accusée entre autres amabilités de « réhabiliter par un discours masculiniste les stéréotypes de la femme castratrice[12] » ou de « dénaturer le féminisme pour mieux le combattre[13] ».

Le premier recensement français des décès liés à des violences conjugales a été publié en novembre 2005 : il porte sur 211 décès survenus en deux ans (plus de 10 % des morts violentes, au nombre de 1 800) dont 135 en 2003 et 77 en 2004. Les hommes tuent incontestablement davantage que les femmes : pour marquer les esprits sous forme de slogan, on dit qu'une femme meurt tous les quatre jours de violence au sein du couple (90 par an) et on ne dit pas qu'un homme meurt tous les seize jours (23 par an) dans les mêmes circonstances. La jalousie, les affres de la séparation, l'alcool et la précarité sociale sont les principaux facteurs de risque. Que l'on sache, ils ne sont pas l'apanage des hommes ! Il est néanmoins surprenant de constater que les mesures de prévention proposées par Catherine Vautrin, ministre déléguée à la Cohésion sociale et à la Parité, ne concernent que les femmes, comme si seules ces dernières pouvaient être victimes. Alors que le conjoint violent ne peut être légalement exclu du foyer au moment du dépôt de plainte*, la mesure phare consiste à traiter les femmes victimes de violence conjugale (on ne dit plus « femmes battues ») comme des mineures : en les plaçant dans des familles d'accueil chez d'anciennes assistantes maternelles ou des personnes impli-

* Le conjoint violent peut être évincé par le procureur en cas de plainte au pénal pour des violences pouvant mettre la femme en danger ou des violences itératives, ou par le juge aux affaires familiales saisi en référé. Ce dernier dispositif est rarement appliqué.

quées dans le secteur caritatif... On ne saurait mieux indiquer le statut de « pauvre victime » de la femme éternellement dominée. Même si l'idée de famille d'accueil ne paraît pas absurde sur le papier, pour pouvoir quitter rapidement le domicile avec des enfants notamment en cas de difficultés d'accès à des foyers (cette mesure est testée en milieu rural), on ne voit pas pourquoi il ne serait pas préférable de donner davantage de moyens aux associations ayant des années d'expérience professionnelle en matière d'accueil des victimes et de clinique de la violence. Un de leurs principaux problèmes, dans une ville comme Lyon* par exemple, est de trouver des logements pour les femmes qui peuvent quitter le foyer. Il est incontestable que nous avons des progrès à faire pour prévenir les violences conjugales et en protéger les victimes (et leurs enfants) : les contrepoids politiques sont nécessaires pour ne pas laisser l'individu résoudre seul les rapports de violence dans le couple.

Le taux des divorces (un couple sur deux dans les grandes villes), qui sont majoritairement demandés par les femmes, indique que celles-ci ne supportent plus des situations qu'elles étaient contraintes de subir et qu'elles savent s'en libérer même au prix d'énormes difficultés. La violence intrafamiliale n'est qu'un motif de séparation parmi d'autres. Alain Ehrenberg remarque que « la désinstitutionnalisation de la famille, que la loi sur le divorce par consen-

* VIFF-SOS femmes (Villeurbanne information femmes famille) existe depuis 1979 et souffre, comme la plupart des associations, d'un manque de moyens pour réaliser des actions innovantes.

tement mutuel votée en 1975 symbolise, a une conséquence majeure : l'attention croissante à ce qui se passe entre ceux qui ne sont plus l'expression de rôles institutionnels, mais des individus plus libres et plus égaux ; la sensibilité à toutes les violences privées qui touchent les plus faibles, femmes et enfants. Si la famille relève du contrat privé entre égaux et non de l'institution, elle ne doit plus rester opaque sous la seule autorité du père [14] ».

L'idéologie féministe sur le thème de la victimisation globale des femmes a des effets politiques certains, pas tant là où les femmes en auraient le plus besoin que dans les pays démocratiques et en particulier dans l'Union européenne : rares sont les politiques qui n'admettent pas que l'égalité homme-femme doit passer par la reconnaissance d'une différence nécessitant un traitement préférentiel. Exemples : l'apparition de nouveaux délits sexuels comme le harcèlement ou la prostitution des seize-dix-sept ans qui visent en priorité les hommes. Aux États-Unis, il existe une loi spécifique sur la violence contre les femmes (*Violence against Women Act*). L'Espagne, longtemps pays du machisme triomphant, s'est résolument engagée dans la voie du traitement préférentiel : la lutte contre les violences conjugales, devenue « cause nationale », a entraîné une « loi intégrale contre la violence de genre* ». Les féministes espagnoles qui recueillent et assistent les femmes maltraitées se targuent de

* Cette expression est tirée des travaux des féministes anglo-saxonnes radicales, publiés dans les années 80-90. Elle indique que la violence est le propre du mâle.

changer les victimes en « féministes épanouies » à qui on inculque que « tous les hommes sont identiques » pour prévenir les « rechutes ». Celles qui revendiquent la dénonciation de la domination et la promotion des dominées sont loin d'être impuissantes.

La première association pour « hommes battus », Juste mesure, a vu le jour en France en avril 2006, preuve que la contagion victimaire s'étend naturellement à ceux qui sont dénoncés comme coupables…

Le viol

Le 8 octobre 2005, le quotidien *Le Monde* publie sous la photo d'une ravissante jeune femme fixant l'objectif avec douceur et détermination un article d'une demi-page intitulé : « Marie-Ange Le Boulaire, dire le pire ». Une brève chronologie incite à lire l'article en présentant l'invitée : 1968, naissance à Paris ; 1994, victime du violeur Patrick Trémeau ; 2002, parution de son livre *Le Viol* ; 2005, libération et récidive de Patrick Trémeau.

Bien que la majorité des viols soient commis par des proches de la victime, cet article et le livre donné en référence sont emblématiques de l'état actuel de la longue « histoire du viol [15] ». En ce mois d'octobre 2005, c'est la récidive de ce violeur en série, à peine sorti de prison, qui relance le débat sur le traitement des récidivistes et leur répression. Deux de ses anciennes victimes, Anne Bordier et Marie-Ange Le Boulaire, ont donné une conférence de presse, à visage découvert, visant à interpeller les « responsables » sur l'absence de prise en charge du violeur à répétition qu'est Patrick Trémeau.

Dans son livre, Marie-Ange Le Boulaire raconte le viol, ce qui l'a précédé et ce qui l'a suivi ; elle a porté plainte immédiatement, fut bien reçue au commissariat. Pendant la période de l'enquête à laquelle elle a collaboré, elle a été régulièrement informée. Lors du procès, toutes les victimes qui avaient porté plainte étaient présentes. Elles ont témoigné comme elles le souhaitaient, elles ont été écoutées avec respect et émotion. Le verdict leur a semblé équitable (seize ans de réclusion criminelle. Patrick Trémeau est sorti au bout de sept ans sans aucun suivi, ni pendant son incarcération ni après). Elles ont été indemnisées. Marie-Ange Le Boulaire raconte avec précision, sans complaisance, ce qu'elle a vécu, ce qu'elle a ressenti, comment elle a plongé puis s'est reconstruite après le procès en faisant appel à une psychothérapeute d'un centre de victimologie où la prise en charge est gratuite (c'est un droit des victimes). Bien qu'elle affirme ne pas vouloir y consacrer sa vie, cette jeune femme tire une incontestable et très estimable notoriété de son viol. À l'époque où un tel événement était soigneusement caché parce que la honte était du côté des victimes, il n'était pas rare qu'il se révèle sous forme de symptômes pas toujours faciles à décrypter (angoisses, peur des relations sexuelles, stérilité, troubles somatiques divers pour n'en citer que quelques-uns). Le traitement psychanalytique ou psychothérapique permettait, dans certains cas, de mettre des mots sur les anciennes blessures afin de pouvoir les oublier. Aujourd'hui, pour celles qui choisissent de parler publiquement de leur blessure intime et de toutes ses conséquences dans l'immédiat et parfois pour toujours, on peut se demander si l'oubli sera possible et même s'il devient souhaitable. Si l'on considère que parler de son traumatisme a un effet thérapeutique, on ne sait pas apprécier les effets à long terme du fait que la terre entière ne puisse ignorer ce qui vous est arrivé. Si le but est de « sortir du statut de victime », on a du mal à imaginer le processus qui va y conduire quand tout vous y ramène. Peut-être faut-il raisonner différemment : nous pensons que « sortir du statut de victime » consiste, à plus ou moins brève échéance, à passer à autre chose. Nous observons en fait que, pour certaines victimes, la voie est tout autre. Elle consiste à tirer parti activement de ce statut, qui devient une véritable identité, et à se réaliser socialement en se découvrant une énergie et des compétences qui ne se seraient peut-être jamais révélées. Ces victimes-là suscitent tantôt l'admiration pour avoir surmonté la honte, tantôt un dégoût envers la fierté d'en faire un exploit, qu'il n'est pas de bon ton d'exprimer publiquement...

Si l'on est passé du consentement toujours supposé de la femme violée par un homme seul, à la possibilité, pour cette femme, de publier son histoire sous son nom propre sans en faire un acte particulièrement courageux (« Je me suis sentie obligée, même pas en tant que victime mais en tant que citoyenne », déclare Marie-Ange Le Boulaire), ni être stigmatisée (« Tout le monde a réagi avec pudeur et dignité »), on le doit à la remise en cause du rapport entre les sexes par les femmes.

L'inversion de la sensibilité ne s'est pas faite en un jour. En France, la prise de conscience du public a eu lieu au cours du procès d'Aix-en-Provence en 1978. Le 20 août 1974, deux jeunes touristes belges campent dans une calanque près de Marseille. Elles sont accostées par un homme qu'elles éconduisent. Il décide de revenir se venger avec deux comparses. Ils essaient de s'introduire dans la tente, elles résistent, l'une d'elles frappe un assaillant avec un maillet et l'horreur commence. Les jeunes filles subissent sévices et viols pendant quatre heures et portent plainte la nuit même. Le procès a lieu quatre ans plus tard. Entre-temps, les faits ont été requalifiés de « coups et blessures » en « viol » et les agresseurs sont jugés en cour d'assises. La défense est soutenue non pas individuellement mais collectivement par Gisèle Halimi au nom de l'association Choisir la cause des femmes. Pour la première fois, les victimes jouent un rôle qu'elles n'avaient jamais joué, mettant en avant la gravité du traumatisme psychique, revendiquant leur liberté d'individus propriétaires de leur vie, transformant le procès des accusés en procès du viol et de la société qui le justifie par « la naturelle virilité agressive de l'homme et la passivité masochiste de la femme ». Ce procès est un combat qui entre en résonance avec les autres luttes féministes de l'époque allant dans le sens du droit à disposer de soi, droit à l'avortement, droit à la contraception. À la suite de propositions faites pendant le procès, le Code pénal sera modifié pour la première fois depuis 1810, rendant impossible de correctionnaliser le viol ainsi défini (loi du 23 décembre 1980) : « Tout acte de pénétration sexuelle, de quelque nature qu'il soit, commis sur la personne d'autrui, par violence, contrainte ou surprise, constitue un viol. » Le changement opéré se traduira par la sévérité des peines (cinq à vingt ans de réclusion criminelle selon les circonstances), l'augmentation des plaintes pour viol, la diminution du nombre de viols traités en correctionnelle au profit des assises, et l'augmentation des taux d'élucidation des faits.

Égalité dans la violence

La dynamique de l'égalité se mesure aussi – même si on peut par certains aspects le déplorer – à l'égalisation des comportements : les filles sont en passe de se montrer aussi violentes que les garçons. Est-ce que le passage de subordonnée à celui d'égale doit passer par le mimétisme ? De nombreux signes l'attestent. En Suède, pays où l'égalité entre hommes et femmes est la plus avancée, des responsables de l'Office d'immigration ont été licenciés en décembre 2005 : ils fêtaient au champagne les expulsions d'une femme et de ses trois enfants et d'une famille avec un enfant malade [16]. Ces responsables étaient… des femmes. Dans le camp d'Abou Ghraib, en Irak, tortures et humiliations ont été infligées aux prisonniers et aux femmes, mais par des femmes aussi. La photo de Lynndie England, vingt-deux ans, tenant en laisse avec le sourire un prisonnier irakien, a fait le tour du monde mais n'a pas suscité le moindre débat sur la violence des femmes. Plus grave encore : en 2003, le Tribunal pénal international de La Haye a condamné Biljana Plavsic, ex-présidente des Serbes de Bosnie, à onze ans de prison pour son rôle prépondérant dans l'épuration ethnique menée entre 1992 et 1995 pendant la guerre de Bosnie.

On n'a pas vu de filles brûlant les voitures dans les banlieues en novembre 2005, mais ce sont bien quatre filles dont trois mineures qui ont allumé l'incendie meurtrier à L'Haÿ-les-Roses (dix-huit morts en 2005) et deux autres qui en ont torturé une troisième, sauvée de justesse. D'autres jeunes filles, restant dans une fonction plus « féminine », ont servi d'« appât » pour le « gang des barbares » qui a assassiné Ilan Halimi. Dans les affaires de meurtre comme celles de Marc Dutroux et de Michel Fourniret, de pédophilie comme l'affaire d'Outreau ou celle d'Angers, les femmes, compagnes des meurtriers (Michelle Martin, l'ex-femme de Dutroux, Monique Olivier, la femme de Michel Fourniret), ou les mères des enfants (Myriam Badaoui à Outreau, Patricia, la maman maquerelle qui a violé et prostitué trois de ses enfants) ont participé activement au recrutement des enfants et aux agressions qu'ils ont subies. Ces faits resteront-ils aussi exceptionnels que nous voulons le croire ? L'Observatoire national de la délinquance (OND) dit exactement le contraire (rapport du 7 décembre 2005) : le fossé entre hommes et femmes a tendance à se combler. Le nombre de femmes délinquantes, tous types de méfaits confondus, a augmenté de 40 % entre 1996 et 2004. Depuis 1996, le nombre de femmes mises en cause pour des faits de violence a plus que doublé (+ 110 %) ; cette progression est plus forte que celle des hommes (+ 68 %). Cette explosion touche particulièrement les mineures (+ 200 %). Fait encore plus inquiétant : les femmes, et particulièrement les mineures, sont de plus en plus impliquées dans les « violences gratuites » (c'est ainsi qu'on appelle les violences physiques non crapuleuses) : + 220 %. On pourrait penser qu'il s'agit pour ces filles d'une forme de résistance contre la violence quotidienne des petits caïds. Or, elles s'attaquent principalement à d'autres filles ou à des femmes. Seule la violence sexuelle reste, en grande majorité, l'apanage des hommes : neuf agressions sexuelles sur dix examinées en justice sont le fait des hommes. Mais les agressions sexuelles commises par des femmes sont encore très méconnues par les professionnels, sauf quand elles sont flagrantes : le 4 septembre 2006, trois jeunes filles de quinze à dix-huit ans ont torturé une adolescente de quatorze ans et ont fini par la violer avec un cintre dans un internat de la région parisienne où elles étaient placées au titre de la protection de l'enfance. On ne dispose pas d'étude récente concernant la violence des femmes envers leurs enfants* ni envers leurs parents ; pas d'étude non plus dans les institutions où elles sont majoritaires, exerçant partiellement ou à temps plein une fonction de substitut maternel : assistantes maternelles, crè-

* Une étude de Strauss, Gelles et Steinmetz (1980) montre une proportion élevée de femmes dans les cas de négligences et de violences physiques envers les enfants. Les auteurs tiennent cependant compte du fait que les femmes sont majoritairement au contact des enfants.

ches, écoles maternelles et primaires, hôpitaux, maisons de retraite, prisons pour femmes. La découverte de l'ampleur de la maltraitance familiale et institutionnelle ébranle peu la conviction qu'une femme et, qui plus est, une mère « ne peut pas faire ça ». L'interprétation des faits de violence, quels qu'ils soient, va toujours dans le même sens : quand elles sont violentes, c'est toujours une réponse à la violence masculine, ce qui rend cette violence légitime. Il arrive néanmoins que le doute s'insinue : au procès d'Angers, après le récit des malheurs de Patricia (abandon, viol, maltraitance) qui a prostitué et violé ses propres enfants, le président questionne : « Est-ce que vous nous dites ça pour avoir des circonstances atténuantes ? » Réponse de Patricia : « Non, mais je sais ce que j'ai vécu. »

La disparition souhaitée de la hiérarchie entre les sexes organisée sur la différence est très inégale selon les pays et, dans un même pays, selon les classes sociales et les générations. Elle fait apparaître de nouveaux problèmes, tant pour les femmes dont la responsabilité individuelle s'accroît, que pour les hommes dont la virilité ne peut plus s'exprimer par la domination sur le plus faible.

La culpabilisation de tous les hommes et la victimisation de toutes les femmes dans les sociétés où les hommes ne dominent plus les femmes dans la sphère privée depuis des dizaines d'années créent, pour le moins, un malaise. Si la violence sépare les couples, elle ne différencie pas les sexes : tous les enfants commencent par exercer la violence et ceux qui en seraient dépourvus ne pourraient ni s'affirmer, ni se différencier, ni se défendre en affirmant leur force et leur autonomie. Une éducation assurant un minimum de sécurité interne permet, dans la majorité des cas, de maîtriser autrement que par la force la dangereuse rencontre avec l'autre. Des millions d'être humains aspirent au bonheur d'être ensemble, égaux, sans pour autant être semblables.

La protection légitime des plus faibles relève certes du droit et, plus largement, de la politique. Mais dans les relations intimes entre les hommes et les femmes, le plus faible n'est pas toujours celui qu'on croit.

5.

De l'enfant victime à l'enfant coupable

L'enfant est une personne : les neuroscientifiques l'ont montré. L'enfant est un sujet : les psychanalystes l'ont affirmé. L'enfant a des droits : la Convention internationale des droits de l'enfant nous le rappelle. Sa parole est sacralisée : un enfant ne ment pas. Paradoxalement, il est perçu comme plus vulnérable que jamais, victime potentielle de toutes sortes de maux, du seul fait d'être enfant. Heureusement, cet état n'a qu'un temps, qui a tendance à diminuer au profit de l'adolescence, commençant, elle, de plus en plus tôt et se terminant de plus en plus tard. Nous allons voir qu'à peine reconnu comme victime potentielle à part entière, l'enfant commence à affronter une autre menace : celle d'être coupable pour comportement non conforme.

L'enfant désiré

L'individualisation de l'enfant et la baisse de la natalité ont commencé en France dès le XVIIIe siècle, donc bien avant la découverte de méthodes contraceptives efficaces. Selon le sociologue Paul Yonnet, l'avènement de l'enfant « désiré » est le point de rencontre du repli de la mortalité infantile (divisée par soixante-neuf du XVIIIe siècle à nos jours) et d'une longue histoire de contention puis de réduction de la fécondité [1]. De nos jours, dans la plupart des pays occidentaux, chaque enfant est conçu en tant qu'individu ; il est le produit unique et surinvesti du désir d'enfant, quel que soit son mode de conception. Depuis que la croisade contre l'infertilité s'est substituée à celle de la réduction des naissances, une certaine confusion règne en ce qui concerne le « désir d'enfant » : vouloir n'est pas forcément synonyme de désirer si l'on admet que le désir, pour la psychanalyse, est inconscient. La maîtrise de la fécondité telle que nous la connaissons est une révolution sans précédent dans l'histoire de l'humanité, une victoire de la culture sur la nature, longtemps attendue mais encore inimaginable à l'aube du XXe siècle. Elle a d'immenses conséquences sur la place de l'enfant et sur son éducation, dont nous peinons à prendre la mesure [2]. Quoi qu'il en soit, plus l'enfant est conçu selon le vœu privé de ses géniteurs, plus la collectivité veut le protéger en exerçant un droit de regard sur le comportement des parents.

En parallèle, plus les enfants se font rares, plus on en parle. Depuis l'ouvrage princeps de Philippe Ariès [3], l'histoire savante de l'enfance constitue un champ de recherche considérable [4]. La « crise » de l'éducation mobilise un nombre impressionnant de spécialistes. Les démographes et les sociologues s'intéressent de très près aux évolutions de la famille dont les enfants constituent le pivot. Les médecins, les chercheurs scientifiques, les psychologues et les psychanalystes nous permettent de mieux comprendre leur développement, nous révélant chez eux des compétences qu'on n'imaginait pas. Les économistes étudient leur coût, pour les parents et la collectivité, et se penchent aussi sur le marché qu'ils constituent et pas seulement comme consommateurs : un nombre considérable d'adultes ont pour profession de les mettre au monde, les soigner, les garder, les éduquer, les distraire... Dans le monde entier, les enfants sont représentés par un organisme international, l'Unicef, et des associations militantes. L'enfance est désormais une cause : elle a une histoire politique, scientifique, juridique, en constante mutation, à laquelle l'évolution démocratique n'est pas étrangère.

Des égaux pas si égaux

Le principe d'égalité, si long à établir entre les hommes, les cultures et les sexes, concerne également les générations. De façon visionnaire, Alexis de Tocqueville anticipait cette évolution qu'il jugeait positive : « À mesure que les mœurs et les lois sont plus démocratiques, les rapports du père et du fils deviennent plus intimes et plus doux ; la règle et l'autorité s'y rencontrent moins ; la confiance et l'affection y sont souvent plus grandes et il semble que le lien naturel se resserre, tandis que le lien social se détend [5]. » S'est-il trompé ?

En pratique, l'exercice du pouvoir, de l'autorité et de la liberté ne crée jamais autant de tensions et de questionnements qu'entre parents et enfants, entre enseignants et élèves, dès lors que l'autorité n'est plus synonyme de pouvoir*. Car l'application des principes démocratiques au sein de la famille ne peut être que partielle, compte tenu de la dépendance et de l'immaturité des enfants[6]. En théorie aussi, les opinions divergent. Pour les plus extrémistes (les *children's liberationists* anglo-saxons), il faut libérer les enfants, assimilés à une minorité opprimée, de la domination des adultes ; leur protection serait la forme moderne d'une oppression séculaire. Cette vision a atteint son apogée en 1988-1989, lors de la campagne sur les droits de l'enfant. Mais à la différence des femmes ou d'autres minorités opprimées dont l'égalité fait l'objet d'une conquête politique, la reconnaissance de l'enfant comme être à part entière, appuyée sur des connaissances scientifiques et psychologiques, a des limites qui n'ont pas été franchies. Bien que la Convention internationale des droits de l'enfant leur ait accordé de « nouveaux droits » comme le droit à la liberté d'opinion (art. 12), à la liberté d'expression (art. 13), à la liberté de penser, de conscience et de religion (art. 14) ou à la liberté d'association (art. 15) – que l'on peut com-

* Le doyen J. Carbonnier commente la loi du 4 juin 1970 sur l'autorité parentale de la façon suivante : « Ce n'est pas un simple changement de mots. Car là où il y avait un droit de puissance, c'est-à-dire un droit absolu portant sur la personne d'autrui, apparaît un ensemble de pouvoirs conditionnés par des devoirs en vue d'une certaine finalité, l'intérêt de l'enfant, exercée de concert et sur un pied d'égalité » (*Droit civil. La famille, les incapacités*, Paris, PUF, 1977).

prendre comme une invite à s'affranchir de la tutelle des adultes –, elle n'a pas remis en cause la notion de minorité juridique qui confère le droit à l'irresponsabilité ainsi qu'une protection spécifique liée à leur vulnérabilité.

L'autorité familiale, toujours liée à l'ordre généalogique (des parents vers les enfants sans réciproque), n'a pas disparu mais elle ne s'exerce plus de la même façon. Les parents voudraient bien aujourd'hui que leur enfant « s'épanouisse », que leur éducation favorise les potentialités de cette petite personne dont les spécialistes affirment qu'elle est déjà constituée. Ils voudraient bien que l'enfant soit un « partenaire » dans son éducation. Être parent et surtout « bon parent » nécessite, en conséquence, des compétences susceptibles d'être acquises – ce qui explique le succès de toutes les formes d'aide à la parentalité. Car, faute de modèle éducatif, nombre de parents se trouvent désemparés. De plus en plus sollicités à « en parler », ils n'hésitent plus à exprimer leur ambivalence, en termes de déception et même parfois de haine à l'endroit de l'enfant tant désiré qui ne les comble pas. Il arrive que le désarroi s'exprime par la maltraitance, surtout après d'interminables négociations : coups (et fessées) pleuvent dans des familles qui s'étaient juré de ne jamais y avoir recours.

Une maltraitance sous-estimée : le divorce

Dans les années 60-75, la maltraitance, étant sous-estimée, paraissait exceptionnelle tant parmi les spécialistes de l'enfance que dans le grand public*. La menace parentale était incarnée par le divorce**. L'adéquation parents séparés/enfants perturbés allait de soi, en particulier pour les pédopsychiatres et les psychanalystes qui rapportaient tous les symptômes – énurésie, échec scolaire, troubles caractériels, délinquance – au divorce, imputable, lui, à un dérèglement chez les parents. La famille étant devenue « incertaine[7] », Irène Théry a analysé et décrit la véritable révolution – encore inachevée – qui a transformé simultanément le lien de conjugalité et le lien de filiation : plus contractuel pour le premier, ce qui le rend plus précaire, inconditionnel mais aussi indissoluble pour le second[8].

Avec la banalisation des séparations, les inquiétudes

* Entre la fin du XIXe siècle et les années 70, un médecin légiste, Ambroise Tardieu, des radiologues, John Caffey puis Frederick Silverman, puis un pédiatre américain, C. Henry Kemp, s'étaient rendu compte que de jeunes enfants ou des nourrissons, victimes de fractures à répétition, de brûlures, d'ecchymoses multiples, de lésions abdominales, de dénutrition, de traumas crâniens, de lésions oculaires irréversibles (enfant secoué), d'éclatement du tympan (après une ou plusieurs gifles magistrales), avaient été maltraités par leurs parents. Une clinique de la maltraitance physique s'est progressivement élaborée en pédiatrie, mais les faits paraissaient exceptionnels et avaient peu d'échos tant il paraissait aller de soi que des parents ne pouvaient pas « faire ça » ; les médecins étaient fort loin, comme c'est le cas aujourd'hui, de penser systématiquement à la maltraitance devant toute fracture ou tout hématome, même banal, par exemple lorsqu'un enfant apprend à marcher.

** La réforme du divorce pour l'attribution de la garde des mineurs date de 1975.

concernant les enfants de parents divorcés (ou séparés) se sont déplacées : c'est la garde conjointe, apparue en 1978 et entérinée par un arrêt de la Cour de cassation en 1984, inventée par des parents souhaitant mettre en pratique au-delà de leur séparation l'exercice de l'autorité parentale conjointe, qui menacerait l'équilibre des enfants et serait la source de leurs symptômes. Bien qu'elle soit encore rarement demandée (autour de 10 % des décisions prononcées par le juge aux affaires familiales, toutes procédures confondues), les préoccupations des spécialistes se concentrent sur les couples qui veulent passer un temps équivalent avec leurs enfants (symbole de la permanence supposée du double lien parental). Dans la réalité des consultations en pédopsychiatrie, les parents ont parfaitement intégré les conséquences d'un divorce pour leurs enfants, ce qui les amène parfois à consulter avant l'apparition du moindre symptôme pour « réussir » leur séparation. Mais l'on voit surtout des enfants, tous modes de garde confondus, pris dans des conflits de loyauté insolubles qui ne s'apaisent pas avec le temps car tout est prétexte pour raviver la mésentente parentale. Il fut un temps où les juges aux affaires familiales étaient submergés de plaintes de mères concernant les abus sexuels dont les pères auraient été les auteurs. Devant les excès de telles dénonciations et les conséquences catastrophiques de décisions hâtives, ils ont appris à se montrer circonspects et ces plaintes ont considérablement diminué. Il n'en reste pas moins que les divorces conflictuels (qui ne sont pas majoritaires) perturbent profondément et durablement les enfants. La justice, la médiation familiale, la pédopsychiatrie et la psychanalyse, bien que très sollicitées, sont assez impuissantes pour protéger les enfants d'une maltraitance psychologique infligée par des parents incapables de dépasser leurs conflits alors même qu'ils prétendent défendre « à égalité » l'intérêt de l'enfant. Au-delà du divorce, l'enfant conserve son père et sa mère, mais pas comme il les a connus : ensemble. Pivot de la famille, il est impuissant à maintenir le couple qu'il a contribué à former et dont il reste la seule trace. Les recompositions familiales signent en quelque sorte son échec. En 2004, 30 % des enfants (soit 28 500) ont été signalés en danger pour cause de conflit ou de séparation dans le couple[9]. Ce chiffre est probablement très inférieur à la réalité, les conflits dans le couple n'étant pas une cause prioritaire de signalement.

La maltraitance physique et les abus sexuels : une cause nationale

Comment expliquer que les parents qui, aujourd'hui, ont des enfants « s'ils le veulent, quand ils veulent », et même presque comme ils veulent, soient perçus comme une menace, alors qu'eux-mêmes pensent que les enfants sont en danger dès qu'ils sortent de la famille ? Les sévices ont été admis tant que l'idéal éducatif s'apparentait au dressage et que le père était tout-puissant. En substituant l'épanouissement et l'autonomie au dressage comme valeurs éducatives, la représentation des sévices a changé :

d'indispensables pour éduquer à l'obéissance et à la soumission, ils sont devenus des abus de pouvoir qu'il convenait de dénoncer, de prévenir, de réprimer et surtout dont il fallait protéger les enfants pour assurer leur bien-être.

En 1997, l'enfance maltraitée fut promue « grande cause nationale », indiquant que le changement de mentalité était pris en compte par les politiques et surtout que les familles étaient sous le contrôle de l'État. Les premières années, on s'est félicité de l'augmentation du nombre des signalements : d'une part, elle traduisait l'ampleur insoupçonnée de la maltraitance, preuve qu'il s'agissait d'une cause juste ; d'autre part, elle était dénoncée car intolérable. Depuis 1995, le nombre d'enfants en danger augmente (65 000 enfants en danger en 1995, 95 000 en 2004), tandis que le nombre d'enfants victimes de mauvais traitements oscille peu autour d'un plateau qui reste élevé : 20 000 en 1995, 18 000 en 2003, 19 000 en 2004[10]. Compte tenu des efforts de signalement, de dépistage et de prévention qui ont été mis en place depuis vingt-cinq ans, on peut se demander si ces chiffres continuent d'être le résultat d'un dépistage plus performant ; cela signifierait qu'il faut plus d'un quart de siècle pour que l'ensemble d'une population renonce à maltraiter ses enfants ou en soit empêchée, ce qui est possible. Mais on peut également se demander si le changement du statut de l'enfant n'a pas une face sombre qui se traduit par la maltraitance.

L'enfant désirable

Parmi les menaces pesant sur les enfants, l'inceste, la pédophilie (et bien sûr l'assassinat) sont considérés comme le mal suprême, quelles que soient les différences de sensibilité politique ou d'appartenance communautaire. Cela n'a pas toujours été le cas : l'inceste est longtemps resté confiné dans le secret des familles, jamais dévoilé, encore moins poursuivi. Les enfants qui osaient se plaindre d'actes pédophiles n'étaient pas crus et même l'infanticide a longtemps été toléré. Ces actes étaient clairement considérés comme des transgressions, mais on ignorait ou l'on ne voulait pas voir les conséquences qu'ils engendraient chez la victime. Bien au contraire, la victime, quand on la croyait, était souillée et corrompue presque au même titre que le coupable.

Aujourd'hui, « ce qui fait consensus, c'est moins l'outrage fait aux lois que l'intolérable souffrance de la victime [11] ». Dans la seconde moitié du XXe siècle, tout a convergé pour reconnaître les souffrances des enfants : l'éducation quand l'épanouissement de l'enfant est devenu une valeur suprême ; les découvertes médicales sur la douleur physique dont on a cru si longtemps qu'elle épargnait les enfants ; la mise en évidence des « compétences » des nouveau-nés que l'on prenait pour des tubes digestifs ; les études sur les troubles relationnels précoces entre parents et enfants ; la vulgarisation de la psychanalyse et le développement de la pédopsychiatrie ; la formation des enseignants pour dépister le mal-être des écoliers. Pour l'inceste, l'action des féministes et les témoignages des femmes [12] ont permis d'apprécier la gravité de ce « meurtre sans cadavre ». Longtemps considéré comme le symptôme d'un dysfonctionnement familial, l'inceste est devenu un crime contre la filiation : il ne s'agit pas seulement de punir un père qui a transgressé un tabou, mais d'affirmer que l'ordre généalogique a un sens, la parenté et la filiation aussi [13].

De même pour la pédophilie : on a pris la mesure de ses conséquences sur les enfants et de la perversion de ceux qui déclarent agir « par amour » et dénient la contrainte qu'ils imposent par la menace, la terreur ou les fausses promesses. Dans l'affaire Dutroux (comme dans d'autres affaires), le pédophile a été stigmatisé plus que le criminel. Le message est clair : la pédophilie est un crime. Analysant les ressorts de la « marche blanche » (20 octobre 1996) en Belgique, Antoine Garapon voit dans l'horreur que suscitent les affaires d'inceste et de pédophilie la crainte diffuse d'une indifférenciation des générations : la société entière s'identifie à l'enfant qu'elle sacralise, les limites entre les âges s'estompent tant dans l'apparence physique* que dans

---

* Autrefois, les petites filles et les petits garçons portaient des vêtements spécifiques à leur âge : barboteuses, socquettes, jupes plissées ou robes-sarraus, culottes courtes. Le premier soutien-gorge ou le premier pantalon long marquaient l'entrée dans la puberté. Aujourd'hui, seule la taille (avant la puberté) distingue un petit garçon de son père et une petite fille de sa mère. Les mères habillent leurs petites filles en femmes fatales mais s'habillent, elles, comme des petites filles.

les comportements. En réaction, la demande de limite émerge : l'inceste bien sûr et la pédophilie constituent une ligne rouge que personne ne conteste.

À l'époque où Freud a décrit le complexe d'Œdipe (attirance de la petite fille pour son père et du petit garçon pour sa mère), les enfants, à qui l'interdit de l'inceste était signifié par l'attitude de leurs parents plus encore que par les mots, renonçaient progressivement à la réalisation de leur fantasme et rêvaient de devenir grands comme leurs parents*.

Aujourd'hui, les jeunes ne rêvent pas tant que ça de devenir adultes (d'autant qu'ils peuvent mener leur vie sexuelle chez leurs parents), tandis que les adultes rêvent de garder les attributs de la jeunesse voire de l'enfance. Mais la crainte généralisée de la pédophilie, qui finit par rendre tous les adultes suspects, pourrait indiquer ce que

* Dans le mythe d'Œdipe, ses parents, Laïos et Jocaste, ne sont pas « innocents » : Laïos, son père, a enlevé et violé Chrysippe, le plus jeune fils du roi Pélops, qui l'avait accueilli lorsqu'il fut chassé de Thèbes. Chrysippe se serait pendu ou aurait été assassiné. L'oracle d'Apollon prédit à Laïos qu'une malédiction lui vaudrait d'être tué par son premier fils. D'où l'abandon d'Œdipe, pieds liés, au mont Cithéron, pour être dévoré par les bêtes sauvages, avant qu'un berger ne le trouve et qu'il soit adopté par le roi de Corinthe qui lui donne le prénom d'Œdipe signifiant « pieds enflés ». Quant à Jocaste, sa mère, devenue sa femme après le meurtre de Laïos, elle avait peut-être le moyen de reconnaître qu'Œdipe était son fils : ses chevilles portaient les marques des liens qu'elle lui avait mis lorsqu'elle avait été contrainte de l'abandonner.

nous ne voulons pas voir : l'enfant désiré* est devenu désirable. Alors qu'il est possible de concevoir des enfants sans désir sexuel et même sans relation sexuelle, l'enfant dit « du désir » est celui vers qui se tournent tous les désirs, y compris sexuels. La psychanalyse a montré qu'il n'y a d'interdit que pour réprimer un désir, formulé ou non. La stigmatisation unanime de la pédophilie, la chasse à la moindre équivoque, pourraient indiquer que la plupart des adultes sont aujourd'hui susceptibles d'éprouver un désir sexuel pour un enfant ou un adolescent, si peu différent d'eux ou de ce qu'ils aspirent à être. Ce désir, interdit de réalisation, très culpabilisant, reste le plus souvent inconscient. Le pédophile, qui, lui, passe à l'acte, fait l'objet d'une réprobation horrifiée au nom d'une noble cause : celle de la souffrance infligée à l'enfant. Mais au fond, chaque adulte horrifié se rassure : ce n'est pas lui mais l'autre qui a réalisé le fantasme qu'il n'ose reconnaître ou qu'il s'interdit, dans une société qui traque l'indécence ou la perversité, même chez les enfants entre eux, si jeunes soient-ils. Loin de reconnaître la spécificité de l'enfant, les jeux de découverte sexuelle des petits de quatre ou cinq ans entre eux sont interprétés comme s'il s'agissait d'actes pédophiles : les enfants sont punis, leurs parents soupçonnés de les avoir « initiés » et la consultation en pédopsychiatrie imposée après le passage au commissariat. C'est ce qui est arrivé en

* Aujourd'hui, 82 % des naissances sont voulues et planifiées, 10 % n'arrivent pas au moment souhaité mais sont désirées. Seules 7 à 8 % des naissances ne sont pas souhaitées.

septembre 2006 à quatre garçons de maternelle qui avaient caressé la cuisse d'une petite fille du même âge. Bientôt, le jeu du docteur entrera dans le DSM IV dans la rubrique « perversion sexuelle » !

Victime potentielle des adultes, l'enfant devient une victime réelle très sous-estimée dans les divorces conflictuels où, le moins qu'on puisse dire, est qu'il est loin d'être respecté. L'indifférenciation des générations, quant à elle, a un double effet : elle rend l'enfant sexuellement désirable par les adultes qui voient des pédophiles partout et lui dénie que sa « perversion polymorphe », décrite par Freud, soit une étape de son développement au cours de laquelle la discrétion et la chasteté des adultes devraient lui être garanties.

La parole de l'enfant victime

Le procès d'Outreau a permis de remettre quelques pendules à l'heure concernant la parole de l'enfant victime, et plus encore celle des professionnels chargés de la recueillir et surtout de l'interpréter. Dans cette affaire, les services sociaux, les experts et la justice sont passés d'une sous-évaluation dramatique à une surévaluation tout aussi dramatique. L'ampleur de ce désastre est heureusement exceptionnelle, mais au quotidien, tous les adultes qui, professionnellement ou occasionnellement, recueillent la parole des enfants oscillent entre sous-évaluation et surévaluation.

La sous-évaluation

Il y a plusieurs façons de sous-évaluer une situation de maltraitance : quand on ne mettait jamais les parents ou les adultes en cause, on accusait les enfants de mensonge et on ne rapportait ni leurs symptômes ni leur comportement à une possible maltraitance. Ce long aveuglement nous culpabilise encore. Mais on continue de sous-évaluer en mettant en doute la parole de l'enfant. Pendant la phase d'apprentissage du langage, l'enfant est considéré comme un apprenti maladroit : les mots d'enfant se transmettent de génération en génération ; les journaux spécialisés en font une rubrique alimentée par des mères éblouies : « Pierre, quatre ans, assis sur les toilettes, dit : "Maman faut pas que tu regardes ma zézette. – Pourquoi ? – Parce qu'elle est timide." »

Mais quand un enfant a été agressé, on ne rit plus : le jeu de mots s'appelle alors « dysfonctionnement » et il peut être exploité aux dépens de l'enfant. Un enfant de deux à trois ans qui désigne son agresseur par les mots « tonton » ou « papi » est vite taxé de désigner tous les hommes sous le même vocable, quand bien même il donne un détail précis : la couleur du pull de son agresseur, ou le fait qu'il porte une moustache. Les mots employés pour désigner l'appareil génital sont souvent fantaisistes ; ceux qu'emploient les parents aussi car ils prononcent rarement les mots « pénis » ou « vulve ». Dès qu'un enfant évoque une agression, on trouve son vocabulaire imprécis : que désignent exactement les mots « zézette » ou « pan-pan » ?

Il peut paraître stupéfiant qu'un enfant de quelques années puisse, par ses mots ou ses dessins, représenter avec finesse et précision les agressions qu'il subit. Mais cette précision ne saute aux yeux de l'observateur que lorsqu'il a la preuve que l'enfant a été agressé.

On sous-évalue aussi quand les enfants se taisent : certains enfants sont tellement complices de leurs parents maltraitants qu'ils ne parlent jamais de ce qu'ils subissent. Si on les interroge sur les traces de coups qu'on voit sur leur corps, ils trouvent toujours une explication : ils se sont cognés ou sont tombés tout seuls ou pendant une bagarre. Les affaires de pédophilie qui éclatent des années après les faits révèlent que de nombreux enfants n'ont jamais rien dit ou si peu… De même pour l'inceste qui peut passer totalement inaperçu, même si les adultes qui entourent l'enfant, extérieurs à la famille, psys compris, y pensent par des signes indirects*. Il est toujours facile rétrospectivement de réinterpréter des signes épars ou des paroles dont on n'avait pas saisi l'importance. Un garçon de dix ans, violé par son beau-père, le nouveau mari de sa mère, depuis l'âge de quatre ans, brillant scolairement, a dit une seule fois à son père qu'il aimerait rester chez lui toute la semaine alors qu'il ne le voyait qu'un week-end sur deux. Propos banals

* Dans une expertise portant sur quarante-cinq études, des auteurs américains montrent qu'un tiers des enfants victimes d'abus sexuels ne présentent *aucun* symptôme. Cf. Kendall-Tackett K.A., Williams L.M., Finkelhor D., « Impact of sexual abuse on children : a review and synthesis of recent empirical studies », *Psychol. Bull.*, 1993, 113 : 164-180.

chez un enfant de parents divorcés, que le père a entendus comme une marque d'amour sans en tirer de conséquence. Une fois les faits dénoncés par un voisin, on lui a demandé pourquoi il n'en avait pas dit davantage : c'était pour protéger son petit frère en passe d'atteindre l'âge où lui-même avait été violé la première fois, et sa mère, complice.

On sous-évalue enfin, et c'est maintenant le cas le plus fréquent, parce qu'on se focalise sur la parole de l'enfant. Or, beaucoup d'enfants ne parlent pas, souvent parce qu'ils s'estiment eux-mêmes coupables ou qu'ils sont menacés. On se prive d'avoir recours à des critères indirects, plus objectifs, que d'autres pays comme le Québec utilisent depuis fort longtemps (même s'ils ne sont pas infaillibles). Sans évaluation, les décisions, peu nuancées (placement ou interdiction de visites lorsque l'enfant est déjà placé), sont différées car difficiles à prendre quand les parents ne sont pas d'accord, les services sociaux ayant l'obligation d'obtenir leur adhésion. Dans l'affaire d'Outreau, les signalements se sont accumulés pendant des années. L'aîné, placé en famille d'accueil, ne voulait pas rentrer chez lui le week-end, urinait sur son lit et ses jeux. Les trois plus jeunes, placés à la demande de leur mère en février 2000, ont fortement tiré la sonnette d'alarme* par leurs symptômes

* Juste une petite vignette clinique rapportée par Florence Aubenas dans *La Méprise*, Paris, Le Seuil, 2005, p. 31 : « V. se déshabille en classe, se masturbe, bave, devient incontrôlable. Il mime des scènes de sodomie. Il embrasse son frère sur la bouche, cherche à le déshabiller, le tripote. Il parle de secrets qu'il ne peut pas dire. »

et leur comportement, bien éloigné des jeux habituels auxquels se livrent les enfants. Dans les trois années précédant l'arrestation des parents, l'un d'eux a été hospitalisé onze fois en urgence et le plus jeune neuf fois pour des diarrhées, inflammations des testicules et traumatismes crâniens. Myriam Badaoui, leur mère, les a même conduits au commissariat pour déposer une plainte contre un agresseur supposé (un monsieur avec un gros chien) qui n'était autre que leur père (et mère) et qu'ils n'ont pas voulu ou osé dénoncer. Quand un des enfants a déclaré à son assistante maternelle : « Papa me fait l'amour », quatre longs mois se sont écoulés avant l'ouverture de la procédure judiciaire puis encore trois semaines avant que les visites du week-end soient suspendues.

Si l'enfant agressé n'est pas cru ou pas compris, pis, s'il est accusé de mensonge, cette incompréhension devient le traumatisme principal. Il peut perdre tout espoir de se faire entendre et se taire ou, à l'inverse, inventer une autre « vérité » dans l'espoir d'être entendu.

Est-il surprenant que ces enfants qui ont protégé leurs parents comme ils ont pu, mais qu'on n'a pas su protéger, aient désigné d'autres adultes que leurs parents (et d'autres enfants) lorsqu'ils ont été entendus par la police pour la première fois ? Connaissant la suite de l'histoire, il est facile de stigmatiser les services sociaux qui auraient « dysfonctionné ». Mais il est beaucoup plus dérangeant de constater que, tels qu'ils sont organisés, ces services n'ont pas vraiment dysfonctionné : tous les travailleurs sociaux, tous les psys, tous les juges pour enfants sont quotidiennement confrontés à ce genre de situation ; ils sont « à l'écoute de l'enfant » mais, sans évaluation précise de son état (qui ne relève pas de l'expert mais de services spécialisés qui eux-mêmes ne sont pas tout-puissants), les rapports s'accumulent sans conséquences dans la vie de l'enfant, car il est devenu tout aussi urgent de lutter contre la surévaluation.

La surévaluation

La médiatisation de la maltraitance dans le grand public et auprès de l'Éducation nationale, ainsi que l'obligation légale de signaler, ont fait monter en flèche le nombre de signalements : on ne vise pas seulement à protéger l'enfant mais à se couvrir.

Les fausses alertes sont d'autant plus nombreuses que la moindre parole de l'enfant détachée de son contexte, le moindre bleu, le moindre comportement « sexualisé », le moindre dessin sont interprétés comme une possible maltraitance, sexuelle de préférence. Alors que depuis des années il existe une clinique de la maltraitance, on pourrait maintenant écrire une clinique de la surinterprétation, notamment celle des dessins d'enfants, des maux de ventre, des infections urinaires, de la masturbation. Les enfants sont interrogés par n'importe qui ; pour les « aider », on les suggestionne en leur demandant de répondre par oui ou non à des questions comme : « C'est ton papa qui te caresse ? » Les conditions du recueil du récit ne sont pas mentionnées. Les signalements « urgents » à la veille des congés scolaires sont bien connus des services de police et de la Préfecture. La brigade des mineurs intervient « en temps réel », sans ménagement, auprès de familles déjà suivies ou à qui le ciel tombe sur la tête. Une mère, éducatrice de métier, ayant suivi une formation en milieu scolaire, voyant que son fils de trois ans avait une irritation rectale, lui demande à brûle-pourpoint : « Est-ce que ton papa a mis son zizi là ? » L'enfant, sidéré, répond oui et la mère court au commissariat.

Il arrive que des enfants mentent et finissent par croire à ce qu'ils ont dit. On n'entend pas les associations dénoncer les ravages de la surestimation qui touchent des innocents mais aussi les enfants « victimisés » à tort. Savons-nous offrir une porte de sortie honorable à ces enfants piégés par des adultes qui confondent une parole de vérité pour l'enfant et l'exactitude des faits ?

Il arrive enfin que des enfants se rétractent alors qu'ils ont été vraiment abusés. L'entourage, même persuadé que l'enfant n'a pas menti, ne peut supporter que l'honneur familial soit mis en cause. L'enfant devient celui par qui le scandale arrive. C'est lui la honte de la famille. C'est lui qui en sera exclu. Dans ces conditions, il préfère revenir sur ses déclarations plutôt que de perdre l'amour de ceux qu'il aime.

Pointer les écueils de la sous-évaluation et de la surévaluation ne signifie pas qu'on n'a pas fait de progrès dans le dépistage de la maltraitance. Mais la sacralisation de la parole de l'enfant ne lui rend pas service. Celle-ci est souvent obscure. Un enfant n'apprend pas à parler pour dire la vérité mais pour être en relation avec le monde. L'écouter ne consiste pas à se demander s'il est crédible. Occuper sa place d'adulte autorise à émettre des doutes devant des propos extravagants ou à déceler une souffrance derrière une réflexion anodine.

L'enregistrement du témoignage

Depuis 1998, la loi permet d'enregistrer la déposition de l'enfant avec son accord et celui de ses parents. Cette loi est très diversement appliquée. Il y a façon et façon de demander cette autorisation : sinon, comment expliquer que, dans certains commissariats, si tant est qu'ils soient correctement équipés, la plupart des présumées victimes acceptent l'enregistrement et ailleurs, pratiquement aucune ? À Outreau, l'enregistrement n'a pas été proposé sous un prétexte peu crédible : ne pas traumatiser davantage des enfants qui avaient déjà regardé des cassettes pornographiques.

En principe, l'enregistrement a pour but d'éviter à l'enfant de répéter son témoignage. En pratique, cet argument est faux puisque l'enfant devra de toute façon témoigner plusieurs fois. Est-ce forcément nocif ? On ne peut pas répondre avec certitude car cela dépend des enfants. Pour ceux qui sont très carencés ou qui ont du mal à s'exprimer, la répétition peut être une véritable souffrance : l'enfant pense qu'il doit répéter parce qu'il a « mal dit » ou qu'on ne le croit pas. D'autres, plus à l'aise, surtout si l'agresseur ne fait pas partie de la famille, acquièrent une véritable compétence à mettre en scène leur récit. Appréciant l'intérêt dont ils sont l'objet, ils croient faire plaisir à l'interlocuteur en ajoutant force détails, vrais ou faux. En tout état de cause, lorsque les magistrats disposent de la cassette, la plupart nc la regardent pas, préférant lire les rapports souvent fort bien rédigés par les brigades des mineurs ! En l'état actuel et en l'absence d'évaluation, il n'est pas sûr que l'enregistrement ait un intérêt pour l'enfant. Quand les faits sont certains et reconnus par l'agresseur, il est inutile. Quand le témoignage est incertain, il peut être préférable de ne pas le figer. En revanche, l'enregistrement a un intérêt pédagogique évident : l'enquêteur aussi est filmé et son savoir-faire peut être évalué, ce qui constitue un argument en faveur de l'enregistrement.

L'enfant victime et la justice

S'il est un domaine où la justice tente de se mettre au service des victimes, c'est le traitement pénal de la pédophilie et de l'inceste. La France est un des pays d'Europe les plus répressifs en la matière (81 % des peines dépassent cinq ans de prison) et chaque fait divers fait l'objet d'une nouvelle demande de répression souvent suivie d'effet. La loi sur la perpétuité réelle a été proposée après la disparition de la petite Karine en septembre 1993. L'allongement de dix à vingt ans du délai de prescription de l'action publique pour les crimes sexuels commis sur les enfants (mars 2004) a été applaudi par les associations de défense des enfants, qui y voient un soutien à la mission rédemptrice qu'elles s'attribuent*. On peut se demander si cette mesure est vraiment dans l'intérêt des présumées victimes si longtemps après des faits, alors que les preuves sont quasiment impossibles à apporter.

Plus encore que pour les adultes, on attend de la justice qu'elle prenne en charge l'enfant victime. Son aspect « thérapeutique » est considéré comme indispensable pour que la victime puisse « se reconstruire ». À ce sujet, les psys et les magistrats tiennent un discours en miroir : la thérapie de la victime s'appuie sur la justice qui sanctionne le coupable désigné pour aider la thérapie. Les effets sont tantôt positifs, tantôt plus contestables. Quand un magistrat prend la peine de recevoir une jeune victime à la suite d'un procès d'assises pour inceste, on y voit, à juste titre, une marque de respect. On peut imaginer qu'il lui dise que ses parents, comme tous les parents, n'ont pas tous les droits et que l'un d'eux a abusé de son pouvoir. C'est cet acte que la société sanctionne par la condamnation, sans toucher à la filiation.

Mais quand le ministère public, comme cela s'est fait [14], conclut : « Il faut que les enfants sachent qu'un père qui a fait ça n'est plus un père », il outrepasse sa fonction. Et quand des thérapeutes considèrent ces conclusions comme « thérapeutiques », ils légitiment un abus de pouvoir

* Une proposition de loi du 4 novembre 2003 a même prôné l'imprescriptibilité des crimes de nature sexuelle commis sur les enfants.

d'autant plus grave qu'ils sont bien placés pour savoir que la disqualification de la personne du père (ou de la mère) peut avoir des effets dévastateurs (être l'enfant d'un père « déchu » ne peut signifier autre chose que d'être un enfant « déchu ») : quoi qu'il ait fait, le père restera le père. Les enfants sont parfaitement à même de faire la distinction entre la personne et ses actes.

Sont également considérés comme thérapeutiques la reconnaissance des faits par l'auteur (il ne les reconnaît pas toujours), le procès lui-même, la sanction mesurée à l'aune de la souffrance de la victime (elle n'est jamais assez importante), la réparation financière. Dans cette logique, on en arrive au paradoxe suivant : au moment où la victime présumée est enfin reconnue comme telle, elle doit être prête à sortir de ce statut !

Or, si les différentes étapes du processus pénal (ou correctionnel) peuvent avoir des effets thérapeutiques (le plus important étant de pouvoir tourner la page), la justice n'est pas faite pour cela. Heureusement d'ailleurs, car ce serait annihiler toute possibilité de surmonter l'épreuve pour les très nombreux enfants dont les plaintes sont classées sans suite ou aboutissent à des non-lieux. Ceux-là bénéficieraient grandement d'un entretien avec un magistrat qui expliquerait sa décision alors que souvent ils ne sont même pas informés : pour un enfant, un classement sans suite ou un non-lieu signifie qu'il ne s'est rien passé. Or, c'est loin d'être toujours le cas : souvent les preuves ne sont simplement pas suffisantes. Réparation psychologique et réparation judiciaire ne sont pas de même nature et ne dépendent pas autant qu'on le dit l'une de l'autre. Nous verrons plus loin ce qu'il en est des adultes.

Enfant victime, enfant coupable

Tout comme les névroses ont disparu de la nomenclature psychiatrique, les enfants maltraités risquent de disparaître des statistiques. Comment ? En réorientant la protection de l'enfance vers le dépistage de l'enfance délinquante, alors que, depuis les années 80, elle se consacre quasi exclusivement à l'enfance maltraitée ou en risque de le devenir.

L'ordonnance du 2 février 1945, dont il est beaucoup question, a été l'acte de naissance d'une politique de la protection de l'enfance. Elle instituait un droit pénal spécifique des mineurs dont le juge des enfants était le personnage central. Sa mission était de protéger les mineurs en danger qu'ils soient auteurs d'infractions ou objets de mauvais traitements (ordonnance du 23 décembre 1958). L'enfant devait jouir d'un statut d'incapable et d'irresponsable juridique* et bénéficier de protection et d'éducation, qu'il soit délinquant ou maltraité. Tant bien que mal, cette politique a tenu jusqu'à la fin du XXe siècle. Aujourd'hui, la conception de l'enfant en danger est en train de changer,

* La minorité n'est pas un « non-droit ». Elle signifie que si l'enfant est titulaire de droits dès sa naissance, il ne saurait être sommé de les exercer immédiatement de lui-même, et désigne ceux qui ont le pouvoir et le devoir de veiller au respect de ses droits fondamentaux. Cf. Théry Irène, *Le Démariage*, Paris, Odile Jacob, 1993, p. 342.

tendant à dissocier celui-ci de l'enfant délinquant qui, lui, est un danger.

Nicolas Sarkozy, ministre de l'Intérieur, ne perd pas une occasion pour demander un « toilettage » de l'ordonnance du 2 février 1945, sans se demander si c'est le texte qu'il faut mettre en question ou les moyens mis à son service qui ont très peu évolué. En réalité, ce texte est d'ores et déjà fortement écorné par des réformes successives. Le traitement judiciaire de l'enfance délinquante se rapproche de plus en plus de celui des majeurs*, à ceci près que c'est encore le juge des enfants qui s'en occupe. La prévention et l'éducation, qui prennent du temps, sont beaucoup moins à l'ordre du jour que la répression immédiate. Or, les enfants n'ont pas tant besoin d'un jugement rapide que d'une réponse rapide, qu'elle soit éducative, punitive ou les deux.

La réorientation de la justice vers la répression accrue de l'enfance délinquante (fort critiquée par les juges des enfants) ne fait probablement que précéder de peu celle de la protection de l'enfance dont les services (l'Aide sociale à l'enfance) sont totalement mobilisés depuis les années 80

---

* La loi du 12 décembre 2005 sur le traitement de la récidive est applicable pour nombre de ses dispositions aux mineurs, dans les mêmes termes que pour les majeurs, bridant la prérogative du juge des enfants d'apprécier la réponse judiciaire en privilégiant des critères liés à l'évolution propre du jeune au profit d'un automatisme de la réponse judiciaire pour tous. Idem pour la réforme du casier judiciaire qui conduit à l'alignement des règles applicables aux mineurs sur celles des majeurs.

par le dépistage de la maltraitance. Plusieurs indices convergents laissent supposer que le dépistage de la violence des jeunes est en passe de supplanter celui de la maltraitance intrafamiliale. Dans les projets gouvernementaux, il ne s'agit plus de dépister précocement pour le protéger et le traiter l'enfant qui souffre ou celui qui est exposé à la maltraitance, mais de repérer des troubles indiquant une possible dérive vers la délinquance. En octobre 2004, Jacques-Alain Bénisti, député du Val-de-Marne, remet à Dominique de Villepin un pré-rapport sur la prévention de la délinquance. Le rapport définitif* sera remis à Nicolas Sarkozy en novembre 2005. La commission Bénisti prône la création d'un « système de repérage et de suivi des difficultés et des troubles du comportement de l'enfant », qui serait mis en place non seulement dans les établissements scolaires (de la maternelle au lycée), mais aussi dans les crèches. Composé de professionnels attachés aux établissements concernés et de personnes extérieures (parents d'élèves, pédopsychiatres...), ce dispositif appelé « Gécase » (GCASE : Groupe de coordination, d'aide et de suivi de l'enfant) se réunirait une fois tous les deux mois et aurait pour mission d'affecter des « référents » aux enfants tout au long de leur parcours scolaire. Rétribués, ces derniers seraient des retraités de l'enseigne-

* Le député a renoncé à son projet d'imposer le français comme langue unique à la maison pour les familles issues de l'immigration. Le texte final a également gommé des assimilations malheureuses entre « immigration » et « délinquance ».

ment. En septembre 2005, paraît l'expertise collective de l'Inserm sur les troubles de conduite chez l'enfant et chez l'adolescent apportant la justification scientifique qui manquait au rapport Bénisti : il ne s'agit plus d'un choix politique mais d'une vérité scientifique dont l'évidence s'imposerait absolument.

Qu'est-ce qu'une expertise collective ? Pour répondre à une question posée par les pouvoirs publics ou le secteur privé, l'Inserm réunit un groupe de spécialistes qui analysent la littérature internationale et en font la synthèse. Comme nous l'avons vu précédemment, tous les articles scientifiques utilisent la classification du DSM IV. La psychopathologie de l'enfant (comme celle de l'adulte) est déclinée en « troubles » (trouble des conduites, trouble oppositionnel, trouble de l'attention), en « traits de caractère » (froideur affective, tendance à la manipulation, indocilité, impulsivité, indice de moralité bas). Nulle part il n'est question de souffrance, de dynamique familiale, environnementale et encore moins sociale. Cette réduction permet incontestablement de faire entrer la complexité clinique dans la simplicité apparente des chiffres. En préconisant le dépistage précoce (avant trente-six mois) et l'éradication des troubles de comportement (par la thérapie cognitivo-comportementaliste et les médicaments, seuls reconnus efficaces par l'Inserm) en vue de diminuer la délinquance à l'adolescence, les auteurs du rapport ont mis le feu aux poudres. Toute la communauté des praticiens de la petite enfance s'est mobilisée pour dénoncer l'amalgame entre la prévention, qui reste d'actualité, et la prédiction[15]. La médecine prédictive existe mais elle n'a pas (encore) la précision qu'on voudrait lui prêter : si vous êtes porteur de tel gène, vous avez un pourcentage de chances supérieur à la moyenne de développer telle maladie ; un régime, un mode de vie approprié, un traitement peuvent (ou non) vous épargner ce destin fatal*. Dans le développement psychologique de l'être humain, la prédiction relève des astres : personne à l'heure actuelle ne peut prédire si un enfant de trois ans, quel que soit son comportement, deviendra ou non délinquant. D'autant que la délinquance n'est pas une maladie !

Pour les adultes, le DSM IV, en inventant le PTSD, a permis une reconnaissance de leur état de victime en toute innocence psychiatrique : les troubles qu'ils présentent après l'exposition à un stress majeur sont normaux et ouvrent la possibilité d'obtenir réparation. Aux États-Unis, l'auteur des violences commises pendant la guerre peut aussi se faire reconnaître comme victime.

Pour les enfants, le DSM IV a une finalité toute différente : tout comportement « déviant », dépisté au berceau, doit faire l'objet d'un combat d'éradication pour être « normalisé ». Le psychanalyste Gérard Wajcman écrit que « l'Inserm instille une criminalisation généralisée de la

* Aux États-Unis, certaines femmes, chez qui le cancer du sein est génétique et familial, choisissent de se faire ôter les glandes mammaires de façon préventive.

société. Tous coupables – futurs, potentiels ou qui s'ignorent [16] ». Dans la représentation qui émerge, il n'y a plus de frontière entre enfant victime et enfant coupable, même pas celle de l'âge. Trouver un sens à un comportement n'est plus d'actualité. Prendre en compte le fait que 10,5 % des enfants, soit environ 1,4 million d'entre eux, sont « pauvres en condition de vie [17] » n'a aucun intérêt*.

La maison de correction du XXIe siècle s'appellera « centre d'éducation adaptée » et il sera tout à fait inutile d'obtenir l'accord des parents pour y placer les enfants sur décision de justice et, pourquoi pas, du psychiatre.

On ne protégera plus les enfants, on s'en protégera.

---

* On notera également que les troubles des enfants victimes de la guerre (enfants soldats ou victimes civiles), de mieux en mieux reconnus par les populations, n'apparaissent pas comme tels dans la nomenclature internationale.

6.

La victime, moyen de réparation du lien social

L'individualisme, on l'a compris, morcelle le lien social qui ne s'exprime plus guère que dans les occasions compassionnelles. L'effacement de l'Église catholique, la fin du communisme, la grande faiblesse des syndicats, la mort des grandes idéologies, des dogmes, l'apparition d'une Europe sans représentation imaginaire suffisante renvoient chez lui le citoyen de pays développé, devant sa télévision, dans l'attente de la retransmission d'un grand événement, une manière d'y participer sans se déplacer. À part les élections, de moins en moins prisées, le sport spectacle mobilise l'intérêt et procure des solidarités mécaniques éphémères. Le spectacle de la performance crée du lien. Mais le déficit d'événements de cette nature est grand. Aussi la catastrophe en tout genre est nécessaire pour se sentir chaleureusement partie d'un tout. Il n'est que de voir le traitement par la collectivité française de l'enlèvement de Florence Aubenas pour se rendre compte de ce phénomène. Bien sûr, elle était journaliste et la mobilisation des médias en a été grandement facilitée. Bien sûr, la personne est fort attachante et a fait preuve d'un courage, d'un sang-froid et d'un humour remarquables, présentant davantage une image de résistante que de victime expiatoire. Ce qui rejoint encore mieux le mythe chrétien de la victime triomphante. Le président de la République sur le tarmac de Villacoublay, venu embrasser cette jeune femme au nom de la nation tout entière ; il lui apportait la reconnaissance de la France pour lui avoir donné pendant trois mois une préoccupation à partager : sa libération. Voilà enfin un sujet sur lequel tout le monde était d'accord, qui permettait à des partisans de tout bord des envolées de ballons et donnait l'occasion de rappeler tous les matins à la radio l'horreur de cette captivité. Les Français ont, en la circonstance, admirablement fait fonctionner la machinerie victimaire, avec un unanimisme dans la solidarité qui ne coûte pas cher et ne demande pas de sacrifice personnel. La starisation provisoire de la victime qui signait des autographes au salon du Bourget en faisant essayer des Mirage à son chauffeur, ancien pilote, n'a suscité qu'une observation insolente, celle d'un journal satirique brocardant la revenante en lui souhaitant une belle carrière de promotion de vente dans les grandes surfaces. Insolence un peu injuste car Florence Aubenas, justement, a refusé de jouer le rôle convenu, ce qui lui a valu finalement des critiques irrecevables. Elle a opéré un retour exemplaire à l'ordinaire de son travail de journaliste et d'écrivain : « Je suis l'inverse de la malheureuse victime qui cherche une cellule de crise où s'exprime un cri. J'ai plutôt l'impression de commencer à emmerder les gens [1]. » Ce qui est frappant avec cet épisode, c'est qu'il n'est pas glorieux : se faire enlever, imprudemment ou non, par des bandits en Irak huit jours après que deux confrères sont sortis des geôles de kidnappeurs comparables n'a rien de productif ; mobiliser cent membres des services secrets pendant trois mois pour sortir de cet embarras n'a rien de brillant ; obliger le gouvernement à payer sans doute d'importantes sommes d'argent à des voyous non plus. Hormis les héros du football qui, eux, ont gagné un match, seule la victime pure comme celle-là fait l'unanimité et nous donne un instant la conscience d'être ensemble : des Français ayant retrouvé l'un des leurs. Qu'on ne se méprenne pas : nous-mêmes aurions bien serré dans nos bras la revenante et ne prétendons pas ne pas avoir participé à la joie d'être dans une collectivité solidaire. C'est le geste du président de la République, revenu de vacances spécialement, qui nous interroge sur le sens de tout cela. N'importe qui peut comprendre que le politique se trouve obligé d'accueillir la victime, de l'embrasser et de montrer à tous que le prince est comme ses sujets. Mais cette cérémonie paroxystique est symptomatique d'une époque où les citoyens peinent à jouir d'être ensemble, au point qu'ils ont besoin de victimes pour en avoir l'occasion.

Le succès du Téléthon vient illustrer le même propos. Parce que le budget de la recherche est insuffisant, une fois par an, la télévision nous offre en spectacle des enfants terriblement frappés par le sort et la maladie afin de récolter de l'argent. On verra sûrement un jour où l'autre le Premier ministre, puis le président de la République sur le plateau. Qui pourrait être contre ? Personne. Et encore moins que pour Florence Aubenas puisqu'il s'agit d'enfants qui n'ont rien fait pour être dans cet état. Cette émission reste un des plus grands succès de télévision. Pour faire bref, la détresse de la collectivité paraît telle que le pouvoir politique a de quoi bénir cette occasion d'unanimité. Nous finirons par voir les communicateurs manufacturer de douteuses victimes en montant en épingle des événements tragiques pour redonner un coup de starter à un gouvernement en panne. Cela commencera par un scénario de film et finira dans les embrouilles avec la réalité. Après tout, au XIXe et au XXe siècle, combien de coups tordus et fabriqués de toutes pièces n'ont-ils pas été montés pour faire la guerre ? L'instrumentalisation des victimes est presque plus honorable pour rester en paix.

Un paradigme des liens entre l'individualisme et la victimisation : le monde du travail

Trois phénomènes juridiques majeurs ont profondément affecté le monde du travail ces douze dernières années, avec l'apparition d'actions pour discrimination, harcèlement moral et harcèlement sexuel. Introduits en France respectivement en 1992, 2002 et 2003, ces trois dispositifs ont eu pour effet d'atomiser les relations sociales dans l'entreprise. Signes d'une perte de pouvoir des organisations collectives, ils ont mis le juge en position de référence dominante face à des travailleurs lésés dans leurs droits et se définissant comme des victimes. Voilà la lutte des classes oubliée au profit du préjudice causé par une confrontation individuelle.

L'évolution de la législation sur la discrimination est très paradoxale. Depuis les années 90, la Cour de justice des Communautés européennes avait déjà largement encouragé les actions judiciaires des salariés s'estimant discriminés par leur employeur, pour des raisons notamment ethniques, sexuelles, politiques ou religieuses. Cet encouragement judiciaire implique un renversement de la charge de la preuve. Traditionnellement et dans toutes les autres matières, c'est au demandeur au procès d'apporter la preuve de ce qu'il avance. Dans le nouveau système, c'est à l'employeur de prouver l'absence de discrimination devant le juge civil. Or l'on sait l'extrême difficulté qu'il y a à apporter une preuve par défaut. Adopté le 15 décembre 1997 par une directive européenne, le dispositif prototype promu par la Cour de justice de Luxembourg a été intégré le 16 novembre 2001 dans notre droit national.

Loin des jugements de valeur, le constat que nous pouvons faire sur les causes et les conséquences de cette législation est purement clinique. Ouvrir en grand la porte aux procès pour discriminations en tout genre renverse les relations de pouvoir dans l'entreprise contournant le jeu classique du règlement des conflits internes par l'arbitrage et le rapport de force syndicat-management. Certes, le juge était déjà là pour trancher les litiges, mécaniquement insolubles, résultant de la rupture du contrat de travail, à savoir le licenciement. Désormais, il intervient en dehors de ce champ traditionnel car, à l'intérieur du contrat de travail, il se retrouve chargé de la discipline éthique, comme si les syndicats n'y trouvaient plus leur place, en tout cas en termes de monopole.

Les victimes de discriminations

Ce paradoxe atteint sa limite lorsqu'il s'agit d'actions d'anciens délégués syndicaux, se plaignant d'être discriminés du fait de leurs activités syndicales. Dans les grandes entreprises, ces fonctions absorbent à mi-temps, voire presque à plein temps, des salariés qui occupent en principe, par ailleurs, un poste et qui sont élus par leurs collègues dans les fonctions de représentation. Pendant très longtemps, cette charge compensait en termes de pouvoir le fait de vivre une situation professionnelle dont l'intérêt était accessoire. Parce qu'ils avaient le sentiment de faire partie d'un appareil puissant, souvent lié organiquement au Parti communiste tout aussi puissant, les délégués syndicaux avaient peu de revendications quant à leur propre carrière. Et ce d'autant moins qu'ayant donné priorité à leur activité publique, ils ne pouvaient suivre un cursus aussi brillant que ceux de leurs camarades qui, à leur poste à plein temps, n'avaient pas d'autre ambition que professionnelle. Dès lors que le management ne profitait pas de la gestion des carrières des délégués syndicaux pour les pénaliser, c'est-à-dire en fait les réprimer, une sorte de modus vivendi s'établissait dans les entreprises. Lorsque le management « trichait » avec cette sorte de *gentlemen's agreement*, cela provoquait de vives tensions qui se traduisaient par une autre sorte d'action judiciaire, le délit d'entrave qui sert souvent d'exutoire à des tensions sociales internes.

La loi de 2001, inspirée de la directive européenne, a bouleversé la donne, car le fait d'obliger l'employeur à prouver qu'il n'a pas discriminé a constitué un appel d'air énorme vers le juge. Les actions en justice se sont multipliées. On a vu des salariés ayant occupé des fonctions syndicales à un moment de leur carrière, voire dix ou quinze ans auparavant, se plaindre de ce qu'elle n'avait pas été aussi brillante qu'elle aurait dû l'être parce qu'ils avaient fait l'objet de discrimination syndicale. Les entreprises attaquées étaient dans l'interdiction d'expliquer que cette différence de progression professionnelle tenait au fait que le salarié ayant passé beaucoup de temps à ses fonctions syndicales, cela ne lui avait pas permis de gravir les échelons qu'il aurait pu franchir s'il avait consacré plus de temps à son travail. Devant les conseils de prud'hommes, salariés et entreprises se sont mis à échanger des dessins, sortes de « nuages » représentant, par le mouvement des couleurs, les salariés comme autant de points dans la masse des autres, afin de montrer, pour les salariés, la discrimination dont ils étaient victimes et, pour le management, le fait que la place occupée par le plaignant était absolument dans la moyenne par rapport aux autres salariés de la même catégorie. Des points parmi des points.

Dans nombre de grandes entreprises, après l'épuisement

des uns et des autres dans des années de procédure d'une densité et d'une complexité extrêmes, ces échanges de « nuages » qu'impliquait le nouveau dispositif législatif ont eu pour effet d'aboutir à des accords entre syndicats et patronat. L'idée directrice de cette évolution était au fond que la valeur du travail syndical est au moins aussi grande que la valeur du travail professionnel pour l'entreprise. Et, par conséquent, il faut payer ce travail syndical, autant pour les délégués syndicaux que pour les meilleurs ouvriers occupés uniquement à leur poste ou, en tout cas, autant que la moyenne des travailleurs à plein temps. On pourrait imaginer de rémunérer directement le travail syndical détaché du travail mais ce ne serait pas politiquement correct car il faut conserver intacte l'image du délégué syndical élu et « comme les autres ».

La solution à ce problème politique est venue par la victimisation, qui, elle, est tout à fait politiquement correcte. Elle permet de résoudre un problème impossible à présenter autrement, alors que sans doute, auparavant, il n'aurait pas été traité de cette manière.

En réalité, avec cette loi d'inspiration victimaire, le triomphe apparent des syndicats est surtout une victoire à la Pyrrhus. C'est le symptôme d'une perte de leur pouvoir dans l'entreprise. Autrefois, les syndicats auraient probablement répugné à prendre cet habit de victime. Ils choisissaient d'autres voies, sans doute parfois plus raides, pour se faire respecter. Par ailleurs, comme être délégué signifiait l'appartenance à une élite, le sentiment de ne pouvoir gagner sur tous les tableaux faisait accepter quelques sacrifices dès lors que l'employeur n'en profitait pas pour réprimer de manière déloyale l'activité syndicale. De même que les membres du Parti communiste se sont longtemps satisfaits d'une carrière à l'intérieur du parti qui représentait une société parfaite, nombre de délégués syndicaux se vivaient comme les tenants d'un pouvoir suffisant à l'intérieur des entreprises pour ne pas se manifester autrement que dans l'action collective, sans se présenter comme des victimes individuelles.

En ce qui concerne la victimisation des femmes, justiciables demandant réparation pour un traitement discriminant par rapport aux hommes dans l'entreprise, les mêmes règles de preuve renversée s'appliquent. Mais cette question est encore plus subversive par rapport aux syndicats qui, incapables de promouvoir cette égalité des sexes par l'action collective, sont tout autant mis en cause que l'entreprise lorsqu'il est question de discrimination en fonction du sexe.

La marche s'est encore accélérée avec la création (par la loi dite « de modernisation sociale » du 17 janvier 2002) de l'infraction pour harcèlement moral puni d'un an d'emprisonnement et 15 000 euros d'amende. Aucun salarié ne doit subir des agissements répétés de harcèlement moral qui ont pour objet ou pour effet une dégradation des conditions de travail susceptible « de porter atteinte à ses droits et à sa dignité, d'altérer sa santé physique ou mentale ou de compromettre son avenir professionnel ». Et le chef d'entreprise a une obligation de prévention du harcèlement.

Les victimes ont remplacé les syndicats

« Que font les syndicats ? » pourrait-on dire comme certains s'exclament en d'autres circonstances : « Mais que fait la police ? » La surenchère est évidente : l'action collective se dissout au profit d'une action victimaire qui semble conduire directement chez le psy en cas d'échec devant la première porte bien signalisée, à savoir celle du juge.

Nul doute que toutes les collectivités humaines comportent des pervers narcissiques, des petits chefs sadiques et des méchants de toutes sortes. Mais ce traitement qui passe par la démonstration selon laquelle, à titre individuel, on est à répétition une victime de comportements individuels prouve bien, là encore, que l'action collective régulatrice est devenue inconsistante. Comme si les syndicats, les associations, les clubs, les familles, les voisins, la rue, n'étaient plus suffisants pour prendre en charge des situations pathologiques, afin de les régler, de les faire disparaître, de les digérer. Au lieu de cela, on a une victime et un juge auquel on donne tellement de place qu'il en est presque gêné, si bien que depuis cette loi sur le harcèlement, il se montre plus que réservé dans son application.

Et ce n'est pas tout. N'oublions pas le premier morceau de cette fresque moderne qu'est le harcèlement sexuel, née en 1992 et peaufinée jusqu'en 2002. Comme s'il fallait encore chercher ce qui est le plus intime dans l'individu pour représenter un conflit dans des duels singuliers : celui de la femme et de l'homme. Couplée avec le harcèlement moral dans l'entreprise, la répression du harcèlement sexuel étend la palette d'un contrôle et d'une régulation par le juge de comportements inacceptables, brutaux et machistes qui existent depuis toujours et sont aggravés pour le salarié par la fragilité de l'emploi.

L'observation est la même que pour les autres infractions : dans les grandes entreprises, les organisations syndicales devraient être capables de procéder à cette régulation et d'empêcher des actes odieux qui, le plus souvent, sont rendus possibles par la faiblesse de celles qui en sont les victimes. Faiblesse, ou plus exactement vulnérabilité, grâce à laquelle le lien de subordination accompagné de coloration sexuelle offre une mine à exploiter par des pervers narcissiques de tout acabit. Dans les petites et moyennes entreprises, tout comme dans les entreprises artisanales, les situations prêtent à des tête-à-tête où s'expriment fréquemment des relations perverses.

Là encore, il faut se féliciter de voir le législateur tenter de rétablir un équilibre dans les relations humaines, ce qu'il fait en déplaçant les frontières du public et du privé. Il déprivatise des parties entières de la personne humaine, qui, grâce au juge, parviendront à se faire respecter dans le plus intime. Et la judiciarisation est la contrepartie logique de cette déprivatisation.

Mieux encore : par un arrêt de la Cour de cassation du 28 février 2002, les juges ont remplacé le législateur en créant de toutes pièces le nouveau régime de la « faute inexcusable » permettant l'indemnisation maximale de tous les accidents du travail. Autrement dit, si un accident survient, si la sécurité n'est pas totale, c'est nécessairement à la suite d'une faute, et d'une faute inexcusable de surcroît. Ce qui signifie que l'inexcusable est totalement détaché du volontaire ou du délibéré, et donc de toute recherche de la gravité de la faute. Or cette rupture logique est lourde : si l'on se met à définir la nature de la faute par sa conséquence, on en arrivera à considérer comme un crime la simple contravention de stationnement interdit si la gêne occasionnée par la voiture mal garée a causé un accident mortel de la circulation !

Les juges, faute de mieux

Cette évolution a certes des aspects positifs, mais le revers de la médaille est qu'elle a pour effet de transformer le juge en prothèse et les adultes en victimes, puisque tel est le statut permettant l'accès à la réparation.

Le « juge prothèse », nouveau magicien moderne, récupère tout. Comme le disent fréquemment certains membres du parquet qui traitent de la délinquance, « nous sommes les poubelles de la société, on nous envoie des fous, des SDF, des chômeurs délinquants, les produits des banlieues pourries, en nous engueulant car nous ne travaillons pas assez vite, et commettons des erreurs ». Au civil, le juge pourrait en dire autant mais cela s'exprime avec des mots plus délicats. Sorte de médecin généraliste de la société, il règle de nombreux conflits au moyen d'un système binaire peu adapté. Et il va dire qui a tort et qui a raison, qui est le harceleur et le harcelé, mais aussi qui a le droit de faire grève et qui ne l'a pas puisque les politiques sont incapables de le dire. Y compris sur ce chapitre prioritairement politique en effet. Il est quand même extraordinaire qu'en plein mois d'août 1987, un juge, le président Boulard, se soit trouvé obligé de rendre un jugement pour dire aux pilotes de ligne en grève paralysant la vie de millions de Français qu'ils n'avaient pas droit de cesser le travail pour des revendications idiotes, à savoir le refus de piloter à deux des Airbus*. Le magistrat fit remarquer que, voyant mal comment on pouvait exiger de piloter à trois des avions conçus pour deux, les objectifs de la grève étaient déraisonnables et qu'elle était donc illicite. Cela suscita bien sûr un tollé de protestations à gauche comme à droite sur le thème : « De quoi se mêlent ces juges ! » Eh bien, le juge se mêle des affaires des victimes, en l'occurrence les citoyens accablés par l'arrêt du transport aérien à leur retour de vacances.

Le juge s'est trouvé porté par une vague de protestations des politiques qui, pour des raisons électoralistes, étaient bien incapables de donner un contenu à l'expression « Le

* « La grève dont le droit est fondamentalement reconnu par la Constitution peut cependant entraîner un trouble manifestement illicite si les revendications professionnelles exprimées à cette occasion présentent un caractère déraisonnable » (ordonnance de référé du président Boulard, président du tribunal de Bobigny, août 1987).

droit de grève s'exerce dans le cadre des lois qui le réglementent ». Quelles lois ont-ils été prêts à voter sur le droit de grève dans les services publics ? Aucune, ou presque. De même, en 2005, le président du tribunal de Marseille a jugé un beau matin que les grèves des transports en commun de la ville étaient illicites parce que leurs motifs étaient politiques. En passant pour un original, le juge a quand même dit tout haut ce que les Marseillais pensaient tout bas. À savoir que les grévistes les avaient pris en otage et qu'ils en avaient assez. Finalement, là où la médiation avait échoué, et les négociations interminables avorté, le juge avec son gros bâton a réglé le problème. Huit jours après, c'était fini.

Tout cela témoigne d'une pathologie sociale et politique qui ne laisse pas d'inquiéter. Et pose la question de ce que sont ces juges et de leur légitimité pour jouer ce rôle. La réponse de la magistrature est le droit et la procédure. C'est-à-dire la légalité qu'ils confondent toujours avec la légitimité. En réalité, la nature ayant horreur du vide, il arrive un moment où les juges restent les seuls susceptibles d'être sollicités pour pallier les défaillances du reste des institutions. Si, au gré des circonstances, les victimes sont capables, comme certaines vagues, fugacement, de briser un obstacle, cela ne permet pas pour autant une gestion et une régulation qui ont d'autres déterminations que l'émotion, le confort et l'inconfort du moment.

Toute la substance de la vie économique et sociale peut passer entre le juge et la victime. Le juge est la béquille d'une société dépolitisée, désocialisée et démoralisée, ce qui amène la victime à disposer de pouvoirs éphémères.

Et ce n'est pas tout. Afin d'optimiser la lutte, au cas où les individus ne sauraient pas saisir le juge tout seuls, le législateur a créé le 30 décembre 2004 une haute autorité de lutte contre les discriminations (Halde) dont le budget était en 2006 de 10,7 millions d'euros. L'objectif est de faire de cette institution un élément essentiel de l'égalité des chances en la chargeant d'une mission préventive par la promotion des principes d'égalité et l'accompagnement des victimes dans l'instruction de leurs demandes. La justice ne semblant pas suffisante, il fallait la stimuler ou s'y substituer. La Halde peut même proposer des transactions de 300 euros pour les personnes physiques et de 15 000 euros pour les personnes morales. Sur deux mille réclamations enregistrées, presque une sur deux concerne l'activité professionnelle des salariés. Et la Halde dispose du pouvoir de saisir directement le juge. Nul doute qu'on ne saurait qu'approuver tout ce que fait l'État pour créer de nouveaux outils de lutte pour l'égalité et contre les discriminations. La conséquence tout comme la cause de cette évolution réside dans l'individualisation de plus en plus accélérée, l'encouragement à la victimisation et la concurrence avec les formes d'action collective traditionnelles visant à promouvoir différemment la défense des travailleurs et des idéaux.

Cette individualisation se trouve confirmée, s'il en était besoin, quand on observe la place qu'ont prise les médecins du travail qui héritent du traitement de la souffrance sociale. Le diagnostic se précise : la souffrance définit la victime qui devient d'abord un malade avant de devenir justiciable[2]. Finies, les luttes collectives à l'intérieur d'entreprises désyndicalisées où règnent des petits chefs harceleurs, eux-mêmes victimes d'un management dictatorial. Médicalisation, judiciarisation, victimisation semblent être devenues l'alpha et l'oméga du traitement de ce que l'on appelait jadis la « question sociale ».

7.

Quelle justice pour les victimes ?

Le vocable « victime » n'est apparu dans le Code de procédure pénale que vers 1970. Et encore, sans y être défini. Il désigne une catégorie qui a fini par pénétrer dans le droit pénal et aboutir à une définition première dans le cadre de l'Onu, le 11 décembre 1985 : « On entend par victimes des personnes qui individuellement ont subi un préjudice, notamment une atteinte à leur intégrité physique ou mentale, une souffrance morale, une perte matérielle ou une atteinte grave à leurs droits fondamentaux, en raison d'actes ou d'omissions qui enfreignent les lois pénales en vigueur dans un État membre, y compris celles qui proscrivent les abus criminels du pouvoir [1]. » Cet abus du pouvoir peut ne pas constituer encore une violation de la législation pénale nationale mais enfreindre les normes internationalement reconnues en matière de droits de l'homme. Le Conseil de l'Europe suivra, le 15 mars 2001, en adoptant une définition comparable. Pourquoi est-ce l'Onu qui donne la définition du mot « victime » ? Pour une simple raison : la guerre. Pas n'importe quelle guerre, on y reviendra.

La victime et le sacré

Venu de l'extérieur du procès pénal, le terme est un transfuge porteur de son histoire. Car, à l'origine, la victime relève avant tout du registre sacré. Et c'est le cas de la situation victimaire moderne. Peu de rites sont aujourd'hui nécessaires pour pénétrer dans ce cercle. Essentiellement la voie de l'approbation, de la compassion et de l'humilité où le vocabulaire est presque codifié. Les politiques l'ont bien compris et tous les communicateurs aussi. Des travaux savants viennent utilement nourrir un courant très largement favorable à l'amélioration du sort des victimes. Mais si certains s'interrogent de manière académique sur les raisons de l'apparition très tardive du mot « victime » dans l'histoire moderne et si beaucoup citent René Girard et sa théorie de la victime expiatoire, peu relient cette évocation érudite à la situation présente. Pour René Girard, l'important est qu'« il y a coalition d'une foule contre une victime ».

Le thème du sacrifice humain pour démontrer l'amour que l'on porte à son dieu ou comme moyen de remettre de l'ordre dans un cosmos dérangé parcourt l'Antiquité. L'ange arrêtant le bras d'Abraham s'apprêtant à tuer Isaac ou Iphigénie sacrifiée par les Grecs pour obtenir d'Artémis du vent pour leurs navires partant à la conquête de Troie, par exemple. Dans ce schéma, la victime participe de ce processus sacré qui donne un sens à la vie humaine même si ce sens passe par le sacrifice de l'un des siens, de préférence le plus cher. La victime expiatoire paie pour apporter la preuve d'une soumission à un ordre supérieur qui donne du sens à la vie collective malgré ses horreurs, ses handicaps, ses échecs et la présence constante de la mort. Ils étaient dix-sept complices autour de Seth pour découper en quatorze morceaux le corps d'Osiris, qu'Isis, avec l'aide de Nephtys, parvint à reconstituer presque complètement et à faire revivre grâce au souffle de leurs ailes. Et quand nous regardons le crucifix, que voyons-nous ? L'emblème de la victime expiatoire fondatrice. Mais c'est alors une victime triomphante, ressuscitée comme Osiris. Un fils sacrifié par le père auquel il dira sur la croix : « Pourquoi m'as-tu abandonné ? » Son calvaire et son supplice se logent dans la grande tradition des victimes expiatoires dépecées, découpées ou bien, en conformité avec l'époque, exécutées selon le mode le plus cruel mais habituel des Romains. Cette victime victorieuse permet un retournement dans l'imaginaire et dans le sens. Elle accomplit la volonté du père. Elle se sacrifie par amour pour lui mais aussi pour les autres afin de les « racheter ». Elle donne l'exemple de la valeur de la douleur puisque la fin est heureuse avec l'ascension vers le père, une invite à ce que chacun le rejoigne après une vie d'amour et de souffrance. L'historien Benoît Garnot rappelle qu'à la fin du XVe siècle, dans la langue vulgaire en France, le mot « victime » apparaît pour désigner l'hostie. On voit donc bien l'origine du concept.

Il n'est pas indifférent que, de son sens initial, ce terme soit devenu celui qui désigne les personnes ayant subi un préjudice causé par une infraction pénale. Et même plus généralement toute personne victime d'une infraction, ou de la violation d'une norme internationalement reconnue, ou encore toute personne qui n'est pas contente et souffre d'un événement déplaisant.

Avant la scène judiciaire, la scène médiatique

Un autre phénomène participe de l'intérêt pour les victimes, quelque chose comme la « volonté de sortir du Loft ». À la télévision, les drames de l'actualité deviennent des docudramas. Les événements réels y sont reconstitués avec des acteurs jouant la réalité. L'ensemble de l'environnement culturel est constitué d'acteurs et même la vie publique est menacée par cette représentation théâtrale. Il est possible que la fascination pour la catastrophe du tsunami et l'élan de solidarité inouï qui en a résulté procèdent d'abord de cette nouveauté de l'après-guerre : l'identification avec la victime, à savoir que la mort de l'autre renvoie à la mort de soi. Cette identification est source de bien des progrès évidemment. Mais l'attrait pour la catastrophe vient aussi de cette volonté de sortir du « Loft », de voir de vrais morts, de vrais malheurs, de vraies victimes auxquelles s'identifier et qui ne sont pas en train de jouer la comédie, sans compter que cette attirance peut avoir aussi des effets morbides par son caractère hypnotique.

C'est cette identification qui justifie la très grande fascination des médias autant pour les victimes que pour les assassins. Il est très fréquent, par exemple, de voir les tueurs en série jouir de la puissance qu'ils exercent, non seulement sur la victime en l'assassinant, mais aussi sur la collectivité en narguant la police. Ils sont animés de ce qu'on pourrait appeler le « complexe d'Érostrate », du nom de cet Éphésien qui, ayant incendié pour se rendre célèbre le temple d'Artémis à Éphèse en 356 avant Jésus-Christ, fut supplicié. Personne, sous peine de mort, n'eut le droit de prononcer son nom. Ce qui ne fut évidemment guère efficace. On ne mesurera jamais assez à quel point ce complexe habite nombre de criminels qui tuent pour avoir leur nom dans le journal. Lucien Léger, qui vient de sortir de prison après quarante ans de détention, assassin d'un petit garçon dans les années 60, fut rendu célèbre par son traitement médiatique de l'enlèvement puis par ses communiqués de presse. Mais, pour le moins, ce complexe habite les simples citoyens qui, cédant à la fascination médiatique, viennent immoler leur vie privée lors d'émissions de télévision. Que deviennent ces hommes et femmes après avoir expliqué leurs problèmes sexuels à cinq millions de téléspectateurs ? Que devient cette jeune fille qui, sur le plateau, crache sa haine au visage de sa mère ? Chacun garde en mémoire de multiples exemples de cette télévision compassionnelle qui utilise la jouissance éphémère des gens, puis les rejette dans un retour improbable à la vie civile.

Le complexe d'Érostrate fonctionne avec le criminel mais aussi avec le suicidaire qui se tue en public, réellement ou symboliquement. Il concerne également les victimes et vient encore compliquer l'activité qu'elles déploient notamment sur la scène judiciaire. C'est Pascal Bruckner qui, dans un livre très fertile sur la victimisation [2], a retrouvé cette phrase extraordinaire de Christine Villemin, la mère du petit Grégory trouvé mort dans la Vologne : « On croirait que les gens sont envieux des malheurs qui vous arrivent », dit-elle. La pertinence de cette remarque montre que cette jeune femme, doublement victime puisque mère d'un enfant tué et accusée à tort de l'avoir assassiné, a tout compris du complexe d'Érostrate. Entre ses premières photographies à la une de *Paris-Match* et les dernières, on voit la différence entre une petite provinciale gauche et la star accomplie qui comprend le regard d'envie qu'elle suscite et qui, mieux encore, l'exprime directement et lucidement.

La notoriété que procure l'état de victime est de même nature que celle du criminel, c'est un narcissisme comme un autre. La victime peut devenir une star qui cumule trois bénéfices : faire l'unanimité à cause du caractère sacré lié à son sort de victime, n'être plus contredite à cause de ce même état, être dans une demande jamais satisfaite et qu'il convient pourtant de satisfaire. En bref, pour la victime, la notoriété s'ajoute à la légitimité. L'envie dont parlait Christine Villemin est partagée par beaucoup sans le dire. Pas par toutes les victimes naturellement, dont certaines ont la sagesse ou l'héroïsme de ne pas donner prise au cirque médiatique. Mais quelle formidable force faut-il déployer pour résister à cette machinerie centrifugeuse qui se met en route autour de chaque victime, de chaque événement criminel ou catastrophique ? Comment renoncer à cette provisoire impression d'existence que procurent un micro tendu, une caméra braquée, devant les reporters approbateurs, vengeurs, captateurs, parfois pourvoyeurs d'avocats afin de disposer d'hommes à eux dans la place ? Combien de victimes sont devenues des acteurs médiatiques de leur propre drame pour finalement occuper une place dans la société que seule la catastrophe qu'elles ont vécue justifie, alors qu'auparavant elles étaient ordinaires, sans histoire ou sans mérite particuliers ? Quelle puissance que de pouvoir toujours parler sans être contredit, nager dans le respect d'une sainteté soudaine, recevoir parfois de l'argent pour des photos ou des interviews, devenir oracle de son propre drame mais aussi de celui des autres ! Quelle satisfaction dans certaines affaires que de pouvoir, sous les applaudissements de la foule, mettre en cause les puissants du jour comme responsables de tous les malheurs ! Les médias rendent fou dans ces circonstances. Christian Ranucci, condamné à mort dans des doutes énormes et scandaleux qui trente-quatre ans plus tard n'ont jamais été dissipés, disait peu de temps avant son exécution : « À la loterie du malheur j'ai tiré le gros lot sans avoir pris de billet[3]. » Un certain nombre de victimes aujourd'hui, surtout parmi les plus vulnérables et les plus modestes, ont provisoirement l'impression que ce gros lot a parfois pour eux effectivement sa source dans leur malheur mais qu'il comporte une contrepartie de poids. En tout cas suffisamment pour, comme le dirait Christine Villemin, semer l'envie. Le diable n'est pas loin qui semble tourner autour de ces malheureux pour leur faire perdre la raison.

À la recherche du diable

Par le malheur qui la touche, la victime sacrée génère précieusement du lien social. Parce qu'elle en est un acteur souverain, c'est une proie de choix pour les médias. Enfin, avant d'entrer dans le labyrinthe du procès pénal et d'examiner le rôle qu'y joue la victime, il faut évoquer le diable car la victime sacrée est aussi victime de sa disparition. Dans la mythologie chrétienne, Lucifer, ange préféré de Dieu, se révolte et incarne la puissance du mal. Il remplit une fonction considérable, celle de l'explication du mal dont Dieu ne peut pas être responsable. Il explique aussi la souffrance. Sans aller jusqu'à l'extrême de la possession nécessitant l'exorcisme, le diable rend compte d'un monde imparfait, des crimes, des plaies que supporte la collectivité. Il est un moyen de donner du sens au malheur. Or, aujourd'hui, le diable a déserté les églises avec les fidèles. Les palais de justice ont pris le relais des temples. On y trouve le diable, non plus sous forme de fresque représentant l'enfer et son maître, mais en la personne des accusés ou des prévenus dans le box des salles d'audience. Qu'il s'agisse du crime ou de la catastrophe aérienne, industrielle ou naturelle, on distingue à l'analyse du détail la main du diable qui passe par là.

On y trouve ce quelque chose de plus que ne peut restituer la seule rationalité du comportement et des compétences humaines. S'agissant du crime par exemple, des esprits érudits d'une école doctrinale française et américaine considèrent que le crime est un choix. C'est vrai jusqu'à un certain point. Mais si cette rationalité était aussi certaine, la lutte contre le crime serait beaucoup plus aisée, les prisons davantage pleines, et les débats aux assises plus clairs. « Pourquoi avez-vous tué ? demanderait le président. – Parce que je l'ai choisi », répondrait l'accusé. Et le diable, exutoire de la contingence, n'existant plus comme métaphore, serait représenté purement et simplement par ce dernier.

De même, si en matière d'accident aéronautique tout sinistre pouvait s'expliquer par une faute des pilotes, des contrôleurs, des constructeurs, des exploitants, de la maintenance, de l'administration, etc., le diable serait alors incarné par des hommes. Alors que tout l'effort des techniciens, chercheurs, spécialistes de la sécurité dans le monde entier et dans les organismes internationaux spécialisés porte sur la recherche de la « main du diable » qu'on trouve dans un extraordinaire concours d'événements, pour la rejeter toujours un peu plus loin.

Dans le box, criminels et prévenus n'ont pas les pieds fourchus, généralement ils ressemblent presque trait pour trait aux victimes. Qui ne s'y retrouvent pas car l'accusé ou le prévenu sont rarement à la hauteur de leur acte, crime ou catastrophe. Ils ne remplissent pas correctement le rôle que les victimes modernes leur assignent. Il en ressort une frustration qui s'exprime par beaucoup d'agressivité ou encore des dialogues stériles entre les parties civiles et le criminel. C'est le criminel ou tout simplement le prévenu qui est le diable, ou qui plus exactement joue le diable. Et la justice n'en sort pas grandie parce que l'acteur ne peut pas être à la hauteur. La question n'est pas de nier la responsabilité des auteurs d'infractions, ni d'encourager la déresponsabilisation, mais de dire que la victime, dans son dernier état moderne, n'a plus l'exutoire religieux qui jadis permettait de supporter le malheur. Elle souffre davantage qu'elle ne le devrait. Elle demande trop à la justice, aux accusés et aux prévenus. Elle se transforme en une impitoyable machine de guerre de son malheur et risque d'étouffer dans son armure.

Avec la disparition des croyances et des idéologies institutionnalisées qui donnaient du sens aux manifestations du destin, du sort, du simple hasard, les cérémonies victimaires n'ont plus pour temples que les palais de justice où officient d'autres prêtres, les juges. Un jour où Xerxès avait perdu sa flotte à cause d'une tempête, il hésita à exécuter ses généraux mais choisit d'envoyer des esclaves fouetter la mer. Aujourd'hui, il les traduirait en justice. La justice profane vient se substituer à la justice divine, qui s'est effacée.

Ce que prévoit le droit

Face à ses victimes, la société réagit de manière différente selon les cultures, anglo-saxonnes d'une part, française et latines d'autre part. Dans la culture anglo-américaine partagée par tous les anciens pays du Commonwealth, le pénal engage trop l'ordre public pour être confié aux victimes et même pour les y faire participer. Dans la culture française et en partie continentale, la victime d'une infraction réelle ou prétendue est au premier plan. Elle peut obliger l'État à mettre à sa disposition son appareil répressif pour régler ses comptes, privés ou personnels. Comment ça ! se dit peut-être le lecteur français pensant immédiatement que celui qui tient la plume se moque de lui en prétendant que les victimes n'ont pas accès à la justice en Amérique alors qu'ils l'ont en France. Pourtant, se dit-il, dans les procès américains les jurés condamnent à des centaines de millions de dollars les entreprises qui, par exemple, comme on l'a vu récemment, ont vendu des produits déficients. Les laboratoires Merck ont été condamnés en août 2005 à verser 200 millions de dollars à la veuve d'une personne morte pour avoir pris longtemps un anti-inflammatoire appelé Vioxx, et bien d'autres millions de dollars payés à d'autres dans les mois qui ont suivi. Et ce n'est pas fini puisqu'ils font face aujourd'hui à quatorze mille réclamations judiciaires.

Le civil et le pénal

Comme la question est encore et toujours posée, il convient de s'y attarder. En France, on confond la justice civile et la justice pénale, car le choix des victimes est tel que le procès pénal est devenu le symbole de la justice tout court. Tant et si bien que, dans les médias, on dit toujours : « La victime a déposé plainte », même s'il s'agit, par exemple, d'un employé qui vient de se faire licencier et qui poursuit son patron aux prud'hommes, c'est-à-dire devant les représentants élus de salariés et de patrons. Il s'agit alors d'un procès civil et non pénal.

Quelle est la différence ? Dans un cas, c'est un procès que l'État fait à un particulier : le procès pénal. Dans l'autre, d'un procès que deux particuliers se font entre eux : le procès civil. Dans un cas, le juge décide d'une peine ; dans l'autre, il décide de dommages et intérêts ou dénoue des situations privées. Ainsi, les 200 millions de dollars qu'un jury du Texas a décidé que les laboratoires Merck devront payer iront (après révision à la baisse) dans la poche de la veuve et non dans celle de l'État. Il ne s'agit pas d'une amende et, malgré l'existence d'un jury, l'affaire est de nature civile et non pénale. En revanche, les prévenus, par exemple ceux qui ont été tenus pour responsables de l'incendie du tunnel sous le mont Blanc, sont condamnés à des peines de prison, dont certaines avec sursis, et à des amendes qui reviennent à l'État, les victimes touchant par ailleurs des dommages et intérêts distincts des amendes et qui iront rejoindre leur patrimoine. En Amérique, cette affaire n'aurait jamais fait l'objet d'un procès au pénal mais au civil, et les victimes n'auraient pu déclencher les poursuites. L'affaire aurait pourtant été jugée par un jury de douze personnes car là-bas, à partir d'un enjeu de 30 dollars, tout citoyen peut exiger un jury populaire pour être jugé. En France, au contraire, le tribunal correctionnel, composé de trois magistrats professionnels, a jugé l'affaire. Il n'y a pas de jury populaire dans les affaires civiles ni dans les affaires correctionnelles, à savoir celles qui jugent les délits. Seul le crime, l'infraction la plus grave en France, justifie le jury et relève des assises. Beaucoup de fautes y sont qualifiables d'« infractions » alors qu'aux États-Unis et dans la plupart des pays anglo-saxons les conflits entre particuliers se traitent devant les tribunaux civils. Par exemple, l'accident du TWA 800 qui, le 17 juillet 1996, a explosé après son décollage de New York a fait l'objet d'une brève enquête du FBI sur la possibilité d'un acte volontaire, et de quelques procès civils qui se sont pour la plupart terminés rapidement par des transactions. En France, à la requête de certaines familles de victimes françaises, un juge d'instruction, Mme Chantal Perdrix, a été chargée d'une instruction pénale. Tout accident mortel fait l'objet de poursuites pénales en France, pratiquement aucun dans les pays anglo-saxons*.

Procès pénal, procès civil, à quoi riment ces différences ? Elles correspondent à quelque chose de fondamental qui oblige à remonter plus haut. À quoi sert la justice ? Essentiellement à assurer la paix civile. Quand un groupe d'hommes et de femmes s'organisent, ils sont obligés d'avoir recours à des juges et à la justice. Ainsi, quand Romulus crée Rome, il trace autour de lui un grand cercle figurant la cité et déclare que le premier qui pénétrera dans

* En matière d'accidents d'avion, en mai 1996, à la suite du crash terrible et médiatiquement surexposé du vol J92 de Value Jet dans les marais des Everglades, après lequel on n'a pas retrouvé les corps des victimes, les procureurs fédéraux américains et ceux de l'État de Floride ont engagé des poursuites pénales. C'était là une initiative qui s'est terminée par une berezina judiciaire, les juges américains ayant acquitté tout le monde.

ce cercle sera tué. Remus provoque son frère en mettant le pied sur le cercle et Romulus le tue. Rome est née. Mais le fondateur ne peut continuer à appliquer les règles tout seul. La première fois, peut-être. Ensuite, les choses se compliquent, car la vindicte individuelle absorbe le geste symbolique consistant à faire respecter les interdits permettant à une société, fût-ce une petite cité, d'exister. Alors les tenants du pouvoir ont recours à la justice en passant d'abord par des prêtres puis en ayant recours à des juges en principe indépendants. Si les juges sont des clones du pouvoir politique, ils ne sont pas crédibles. S'ils se prennent pour des politiques, ils sont renversés, destitués ou changés. S'ensuivent des problèmes pour nos sociétés modernes qui règlent différemment le statut des juges.

Toujours est-il que ces juges sont chargés de faire régner la paix à l'intérieur de la cité, de manière que la collectivité tout entière puisse se consacrer au développement de la famille, des sciences, des arts, de l'agriculture, de l'industrie, du commerce, et à la construction d'une armée chargée de défendre cet abri de civilisation. Or qui menace cette paix ? Forcément les divisions intérieures au niveau le plus élevé, celui des maîtres, les politiques bien sûr, qui cherchent à prendre le pouvoir. Lorsque les luttes dégénèrent, elles peuvent évoluer en guerre civile, source d'affaiblissement considérable car le cercle lui-même est atteint. Mais quel que soit le pouvoir triomphant, facilement porté à exécuter les perdants, une règle demeure : assurer l'ordre public, c'est-à-dire éviter qu'à ces causes macropolitiques que sont les luttes pour le pouvoir ne viennent se surajouter les dissensions qui rendent la vie impossible dans la collectivité. Il faut éviter que les gens se battent pour d'autres raisons que l'accès au pouvoir.

Les grandes sources de danger sont de deux sortes : la première, les disputes entre particuliers qui peuvent dégénérer au point qu'ils en viennent à se battre ; la seconde est la transgression majeure des principes de base du fonctionnement social. Prenons, parmi les dix commandements, ne pas voler, ne pas convoiter la femme de son voisin, ne pas tuer. Ces trois règles de base sont suffisamment fortes pour expliquer que le pouvoir politique ne puisse s'en désintéresser. Quand ces règles sont violées, cela ne concerne pas seulement les individus entre eux mais surtout ce qui tient lieu de pouvoir ou d'État, même au niveau embryonnaire. Dans un cas, la justice civile est là pour trancher les différends entre les citoyens de manière raisonnable et certaine, l'autorité politique étant derrière pour garantir l'exécution des décisions des juges. Dans l'autre cas, le juge intervient pour sanctionner celui qui a troublé l'ordre public. Cela peut bien sûr donner lieu à réparation pour l'offensé, mais fondamentalement la restauration de l'ordre public est première et se traduit par une sanction graduée qui peut aller jusqu'à la mort.

Le droit pénal est fait pour dresser les individus à se tenir tranquilles et les réinsérer ensuite s'ils « déraillent ». Il montre à ceux qui respectent la loi comment sont punis les fauteurs de troubles. Le droit civil, lui, est fait pour pacifier les conflits multiples qui peuvent surgir entre les uns et les autres afin d'éviter le désordre. En résumé, le droit de la responsabilité au pénal s'adresse aux salauds, le droit civil à ceux qui ont commis des erreurs.

Il est clair que certaines infractions peuvent disparaître ou apparaître en fonction du développement des sociétés. En France, par exemple, l'adultère a cessé d'être un délit en 1976, de même que l'avortement un crime en 1975 avec la loi Veil. Pourquoi ? Parce que la famille était le cadre nécessaire à la paix civile. Pour des raisons de sécurité de la filiation, parce qu'il mettait en cause l'ordre public, l'adultère, surtout celui de la femme, était sanctionné comme une violation de principe de base de la société. Aujourd'hui où la famille n'est plus l'édifice fondamental de la société, coucher avec la femme de son voisin n'a plus aucune importance. La contraception a contribué à diminuer les inconvénients de l'adultère, la moitié des enfants naissent hors mariage et le divorce touche un couple sur deux à Paris, un sur trois en France. De même, l'avortement est resté si longtemps un crime parce que la croissance de la population constituait une exigence d'ordre public majeure, notamment pour des raisons militaires avec la conscription. « La France me doit une rente de cent mille hommes par an », avait déclaré Napoléon. Il fallait les faire. Aujourd'hui, compte tenu de la paix en Europe depuis soixante ans, de l'évolution de la famille et de l'acceptation d'un tassement démographique sans précédent dans l'histoire, l'avortement n'est plus une infraction. Et ainsi de suite.

Le premier problème consiste donc à savoir pourquoi, dans certaines cultures comme chez les Anglo-Saxons, la définition du pénal est beaucoup plus étroite qu'en France ou plus généralement en Europe. Cette question est capitale car elle va pour beaucoup orienter l'attitude des victimes. Elle se double de la question de savoir quel est le rôle de la victime vis-à-vis du procès pénal et comment la justice la traite.

Les raisons d'une différence

La place du droit pénal par rapport au droit civil dépend très largement de celle de l'État dans une nation. Si le droit pénal est beaucoup plus étroit en Amérique et dans les pays anglo-saxons, c'est avant tout parce que l'État ne s'est pas construit de la même manière. Aux États-Unis, il se fonde sur un contrat, la Constitution, qui détermine les relations entre les individus, les pouvoirs locaux et le gouvernement fédéral. Dans une culture qui repose à l'origine sur l'émigration, les citoyens américains regardent le pouvoir central plutôt comme un inconvénient nécessaire tandis que les Français y voient un État providence et tout-puissant. La situation est la même, bien que beaucoup plus ancienne, en Angleterre : en l'an mil, après avoir conquis brutalement le pays malgré leur infériorité en nombre, les Normands ont été obligés à des compromis. En France, l'État s'est constitué tôt, au terme d'un mouvement centripète qui, en quatre siècles, a abouti au triomphe de la monarchie absolue sur des particularismes culturels, territoriaux et religieux. La Révolution a pris la suite d'un outil qu'elle a désencombré de ses archaïsmes. Plus l'État est fort et omnipotent, plus le droit pénal est étendu parce que toute atteinte à son autorité est une menace, et qu'une menace à cette autorité le met en danger.

La sphère pénale y sera donc beaucoup plus vaste que dans les pays où ce qui est public est plus restreint. La France est le seul pays au monde où il est impossible de dresser l'inventaire des textes législatifs ou réglementaires assortis de sanctions pénales. Les différences de proportions du terrain pénal entre les deux cultures entraînent forcément une attitude différente de la part des personnes qui ont subi un préjudice. Dans le premier cas, celui d'une large sphère privée et d'une petite sphère pénale, la personne ayant subi un préjudice s'oriente vers sa réparation pécuniaire (on comprend bien la sémantique avec l'étymologie de ce mot, *pecus* signifiant « troupeau » en latin). En revanche, lorsque le pénal est partout, la personne qui subit un préjudice peut être considérée comme victime d'une infraction, ce qui l'oriente vers la recherche de la faute de l'autre, si ce n'est de son péché. Dans un cas, l'argent répare et l'assurance peut intervenir ; dans l'autre, la recherche thymatologique, c'est-à-dire une volonté de réparation sacrificielle, s'impose.

Ce sont donc deux systèmes complètement différents, dont l'un, le nôtre, ne tourne pas forcément au bénéfice des victimes. Les espèces sonnantes et trébuchantes sont beaucoup plus importantes aux États-Unis et dans les pays anglo-saxons en général qu'ici. En France, où les dommages et intérêts sont faibles, la satisfaction pour les victimes d'avoir montré le péché de l'autre et de voir ce dernier fouetté symboliquement – par une peine de prison avec sursis – ou réellement – par un enfermement carcéral – suffit.

Or qu'est-ce qu'une peine de prison avec sursis ? Dans la réalité, ce n'est rien. Un acte purement symbolique, comme si l'on disait au condamné : « Tenez, voici un 2 de trèfle, mettez-le dans votre poche pendant cinq ans, après il n'en sera plus question. Et pendant ce temps, tout le monde, enfin tous ceux qui ont pris connaissance du jugement sauront que vous avez supporté cette flétrissure. » Or beaucoup de professionnels de la délinquance se moquent bien de la respectabilité sociale tout comme des peines avec sursis. Seuls les honnêtes gens ne le supportent pas et parfois en meurent de chagrin. Pour la plus grande satisfaction de certaines victimes qui veulent que l'adversaire à l'origine de leur dommage souffre. Nul doute qu'en France les compagnies d'assurances préfèrent de beaucoup le système continental, car un 2 de trèfle coûte beaucoup moins cher qu'une énorme indemnité en numéraire.

Les conséquences d'un système

La régulation sociale, c'est-à-dire la paix civile, s'effectue donc à coups d'argent dans une des cultures, à coups de symboles dans l'autre. Mais, dans les deux cas, ce n'est pas sans inconvénient.

Dans le premier cas, cette régulation par l'argent entraîne la course au procès civil, course que l'on peut même mener en groupe avec les *class actions*, sorte de procès où l'on prend un ticket comme à la loterie. Ce qui pousse à grever lourdement les entreprises ou les particuliers condamnés qui sont obligés de se surarmer en termes d'avocats et d'assurances. Les dommages et intérêts accordés aux victimes par le biais de dommages punitifs peuvent mettre en cause l'équilibre économique : pensons au laboratoire Merck avec l'affaire du Vioxx et ses quatorze mille réclamations, cité plus haut. C'est aussi la raison pour laquelle les constructeurs américains d'avions de tourisme ont disparu après que quelques rares accidents ont ruiné cette industrie. Il a fallu une loi signée par Bill Clinton dans les années 90 pour qu'elle revive grâce à des limitations de responsabilité imposées par le Congrès.

Dans notre cas, la régulation par le pénal génère une attitude folle à l'égard de l'auteur d'un préjudice trop facilement qualifiable d'infraction. La folie consiste à tout expliquer par le bien et le mal, par la faute et le péché, en se prévalant du diable incarné dans un homme alors que Lucifer fut justement inventé pour pallier l'absence de sens des événements inacceptables ou d'une extrême contingence et cependant lourds de conséquences. De même que « trop d'impôt tue l'impôt », trop de pénal tue le pénal. Que deviennent les repères permettant de distinguer le bien et le mal si trop d'événements sont placés sur le même plan ? Dans notre société, on observe une sorte d'industrialisation du péché, du fait de la place qui lui est faite dans l'héritage historique de la justice. Il est vrai que cette régulation violente et peu coûteuse est la conséquence d'un grand retard juridique. Lorsque le terrain social est irrigué de juristes, c'est-à-dire de clercs qui font intégrer la norme à un maximum d'agents économiques et de particuliers, la régulation se fait plus pacifiquement. Lorsque, et ce fut le cas en France jusqu'il y a peu, le nombre de clercs est insuffisant, on choisit d'établir l'ordre par des crucifixions et la mise au pilori sous les applaudissements des victimes. C'est ce que nous observons aujourd'hui dans toutes les grandes catastrophes qui secouent l'opinion.

Si les juristes sont dix fois moins nombreux en France qu'aux États-Unis, et deux à trois fois moins que dans le reste de l'Europe, cela tient à l'histoire de la création et du fonctionnement de l'État. On en revient une fois encore à la question de la place de l'État et de son incidence sur le pénal. L'État administratif qui se délite aujourd'hui a réussi à maintenir l'ordre en France pendant plusieurs siècles. Mais au détriment des juristes et au profit du juge pénal. La France est un des seuls pays au monde, avec quelques rares pays européens, à traiter tout accident d'avion, toute catastrophe industrielle ou sanitaire au pénal. Seule la France a connu l'affaire pénale du sang contaminé, et maintenant celle de l'amiante. Elle est aussi la seule au monde à donner aux victimes des crimes et des catastrophes une place aussi grande dans la justice pénale. Est-ce vraiment dans leur intérêt ? Il est difficile de les convaincre du contraire. Les associations de victimes sont aujourd'hui complètement prises dans le moule culturel français qui ne leur permet aucun recul. Quant au discours politique, il est simplement celui de la compassion et de l'obéissance au « politiquement correct » victimaire. Les Français et leurs médias pensent ou laissent penser que notre système judiciaire pour les victimes est « naturel ». Ils n'imaginent pas qu'il puisse en exister un autre. Pourtant, c'est faux.

La constitution de partie civile

Aujourd'hui, en France, le catalogue des infractions innombrables contenues dans le Code pénal permet à n'importe qui de déposer une plainte contre quiconque afin d'obliger l'État, en la personne du procureur, à ouvrir une information pénale. Si l'affaire est simple, le plaignant peut citer directement ses adversaires devant le tribunal correctionnel. Si l'affaire est compliquée, un juge d'instruction sera obligatoirement désigné qui demandera à la police de faire une enquête avec garde à vue si nécessaire. Puis quelques mois, quelques années après, le juge verra si l'infraction existe. Si oui, il renverra l'adversaire du plaignant devant un tribunal correctionnel ou la cour d'assises pour y être jugé ; sinon, il rendra un non-lieu et le plaignant abusif s'expose à de petits dommages et intérêts pour dénonciation calomnieuse. Ce n'est donc pas difficile d'utiliser gratuitement la police et la justice. Il suffit d'aller voir un avocat qui rédige la plainte avec constitution de partie civile. L'avocat la dépose chez un des juges d'instruction, qu'on appelle le « doyen ». Le procureur examine la plainte et le président du tribunal désigne un juge pour instruire. Cette pratique existe en France depuis 1906, date d'une décision de la Cour de cassation qui a rendu obligatoire la poursuite initiée par la victime. Celle-ci dispose donc d'un pouvoir de déclenchement quasi automatique de la poursuite pénale, ce qui est complètement inconnu dans les pays de culture anglo-saxonne où c'est le procureur, et uniquement lui, qui décide de poursuivre.

Un tel système est une source d'abus considérables. Par exemple, à Paris, 75 % des affaires pénales financières sont la conséquence de plaintes de particuliers. Mais 65 % d'entre elles aboutissent à un non-lieu, c'est-à-dire ne sont pas justifiées. Dans l'intervalle, si la machine du cirque médiatico-judiciaire s'est mise en marche*, l'opprobre aura été jeté sur le citoyen honorable. Ces abus ne s'observent pas seulement en matière financière mais aussi dans les affaires de mœurs. On le voit avec les plaintes pour abus sexuel sur la personne de l'enfant déposées par une femme contre son ex-mari dans un divorce difficile. Le père est nécessairement transformé en mis en examen ou témoin assisté, ce qui est un degré moindre. Il en va de même pour les affaires de viol. On l'a vu avec l'affaire à rebondissements de Johnny Hallyday déclenchée automatiquement par la plainte de Mlle Vo, qui s'est terminée par un non-lieu après un gros tapage. Dans toutes les affaires où la preuve est difficile à apporter, notamment les affaires sexuelles où les dires du plaignant ou de la plaignante sont souvent le seul élément, les dégâts peuvent être considérables.

---

* Le déclenchement automatique de l'information pénale est toujours interprété par les médias comme une décision infamante dès lors que les personnes ou les sociétés en cause sont célèbres.

Ainsi, en France, n'importe quel citoyen peut obliger l'appareil d'État, c'est-à-dire les juges et la police, à mener sa guerre privée dans l'espoir que le différend qui l'oppose à un autre citoyen passe du champ civil, son réceptacle naturel, au champ pénal, qui devrait rester exceptionnel.

8.

La place des victimes sur la scène pénale

Non seulement la présumée victime peut forcer l'État à déclencher sa guerre victimaire, mais elle est aussi un acteur sur la scène pénale. N'importe qui se disant victime et disposant de l'apparence d'une victime peut se constituer partie civile au cours d'une instruction, avoir accès au dossier, demander des actes d'instruction, et parler ensuite aux médias puisque le secret ne lui est pas opposable. N'importe qui se prétendant victime peut aussi être présent à une audience correctionnelle ou de cour d'assises, se constituer partie civile par l'intermédiaire d'un avocat, faire poser des questions au prévenu ou à l'accusé et, à côté du procureur, plaider pour stigmatiser l'accusé ou le prévenu et demander des peines, même si la loi ne le lui permet pas.

Ce droit de « constitution » n'appartient pas seulement aux personnes mais aussi aux associations. C'est ainsi que certaines affaires banales pour les Français paraissent extravagantes pour la plupart des pays étrangers. L'accusé ou le prévenu est défendu par son avocat. L'accusation est soutenue par le procureur (ce qui est normal), mais aussi par les avocats des personnes physiques qui sont parties civiles, les avocats des associations de personnes physiques et enfin les avocats des associations représentant un morceau d'intérêt général, comme Que choisir ? pour les consommateurs ou L'enfant bleu pour l'enfance martyrisée. La « privatisation » de la poursuite, c'est-à-dire du travail de procureur, en arrive à être presque totale.

Cette situation, qui n'existe dans aucun pays au monde, signe le symptôme d'une profonde transformation politique et sociale qui mérite l'analyse et la mobilisation des souvenirs car elle rappelle beaucoup le Moyen Âge. Nous voilà en effet de plus en plus proches du duel judiciaire et de la confusion du civil et du pénal, mais dans une version moderne où les mots ont remplacé les épées. Encore qu'au XIIe siècle le plaignant était incarcéré comme l'accusé et encourait les mêmes peines que lui s'il l'avait injustement poursuivi [1].

Cet équilibre est aujourd'hui rompu et le passage par le Moyen Âge ne doit pas faire oublier que, depuis la Bible, tous les efforts des sociétés ont convergé pour écarter progressivement la victime de la scène pénale. D'abord en limitant la vengeance privée, avec la loi du talion – « œil pour œil, dent pour dent » – qui vient poser des bornes : ce n'est plus « Pour un œil, je tue toute ta famille et, pour un mouton détourné, j'extermine ton troupeau ». La version romaine du talion est la loi des Douze Tables vers 500 avant Jésus-Christ. Puis, progressivement, Rome distingue le droit civil du droit pénal. En 260 avant Jésus-Christ la *lex ciquilia* distingue les infractions publiques, criminelles, de la faute privée, *culpa*. La *lex calpucinia* permet à la République de poursuivre d'office, sans les plaignants, les plus graves infractions. Jean-Pierre Allinne rappelle que la loi salique la moins « romaine » détermine un tarif distinguant le *fredus*, qui vaut pour la réparation de l'atteinte du crime à la paix publique, et le *faidus*, qui va à la victime. À partir du XIe siècle, la politique du souverain consistera à déposséder progressivement la victime du procès pénal au moyen de plusieurs techniques complexes. En France, ce mouvement va se cristalliser à partir du XIVe siècle avec l'apparition d'un nouveau personnage sur la scène judiciaire : le procureur du roi, qui commence par se joindre au plaignant privé puis finit par monopoliser la poursuite au XVIe siècle. Ce procureur du roi deviendra, en 1791, le procureur de la République, celui que nous connaissons aujourd'hui. Jusqu'à la fin du XIXe siècle, la victime en France paraît avoir été renvoyée à un rôle modeste, voire inexistant, dans l'enceinte pénale. Ce n'est qu'à partir de 1906 qu'elle commence la longue reconquête qui a transformé le procès pénal en France aujourd'hui de manière considérable.

Pourtant, les quatre cinquièmes de la planète ne connaissent pas le système français de la partie civile. Comme si cette évolution vers la privatisation de la poursuite n'avait « pris » que chez nous, beaucoup moins ailleurs, et en tout cas dans aucun pays anglo-saxon. On a le sentiment que les sociétés anglo-saxonnes sont fixées à un stade logique et apparemment suffisant de maturité politique et judiciaire. L'État y assure ses fonctions régaliennes, parmi lesquelles la justice pénale, sans parasitage par les victimes. Rien, pas même le mouvement doctrinal en faveur d'une redéfinition de la place de la victime dans la société et la justice, n'est venu remettre en cause le monopole étatique de l'action publique dans ces pays.

La lame de fond en faveur du principe de l'indemnisation des victimes par l'État démarre en 1963 en Nouvelle-Zélande, en 1964 au Royaume-Uni, en 1974 aux États-Unis et dans les autres pays européens. Mais cette indemnisation ne concerne aucunement le sujet de la constitution de partie civile. Les rapports Milliez de 1982 et Lienemann de 1999 en France n'abordent pas non plus ces spécificités procédurales françaises pour y réfléchir*. Le rapport Lienemann préconise un découplage de l'indemnité réparatrice par rapport à la justice pénale sans méditer un seul instant sur les conséquences des interventions constantes des victimes, partie civile au procès. Initiées aux États-Unis en 1960, les enquêtes sur la victimisation n'ont jamais eu pour conséquence de remettre en cause cette division des deux genres, le civil et le pénal, et la distinction des scènes, l'une pour le délinquant, l'autre pour la victime. La plus grande réforme intervenue à ce sujet aux États-Unis est la possibilité pour la victime de faire parfois une com-

* Ni les travaux de Mendelsohn, fondateur de la victimologie, à partir de 1937, ni ceux d'Hans van Hent en 1941, non plus que ceux d'Ezzat Abdel Fattah ne concernent ce sujet, mais ils visent à déterminer une typologie des victimes sans application procédurale à l'un ou l'autre système.

munication, afin d'exprimer devant le juge pénal les conséquences pour elle-même de l'acte criminel. Pour tout le reste du procès, elle n'est qu'un simple témoin. Au Royaume-Uni, malgré une longue résistance des juristes à cette extension du droit pénal, la chambre des Communes discute depuis mai 2006 d'une loi sur le *corporate manslaughter*, ayant pour but de rendre plus facile la poursuite pénale des entreprises à l'origine d'une grande catastrophe. Il est vrai que les grands incendies ou accidents de chemin de fer survenus ces dix dernières années ont posé un problème politique, celui de la vindicte refoulée de la population que les sanctions administratives en vigueur de l'autre côté de la Manche n'ont jamais pu satisfaire. Peut-être cette législation britannique finira-t-elle par être votée. Cependant, les victimes devront toujours aller plaider devant les tribunaux civils afin d'obtenir leur indemnisation. Elles n'auront toujours pas le droit de déclencher elles-mêmes l'action publique ni d'être acteurs à l'audience du procès.

Les pays qui ignorent la partie civile n'ignorent pas pour autant la victime. Tout ce qui s'est fait en matière d'*alternative dispute resolution* (ADR), de médiation, de conciliation a été initié dans les pays anglo-saxons, de même que le principe de la réparation par l'État. Certes, en France aussi nous avons adapté ces techniques pacifiantes en créant récemment la médiation pénale ou les Civi (commissions de l'indemnisation des victimes des infractions pénales) qui peuvent indemniser avant tout procès pénal. Et même, dans le cas de l'amiante, un fonds de solidarité particulier a été créé, sans pour autant supprimer la possibilité pour les victimes de venir plaider devant le tribunal correctionnel en tant que partie civile. Pour demander quoi ? La réparation thymatologique de leur préjudice, c'est-à-dire par le sacrifice, demandant la reconnaissance de l'existence d'une infraction destinée à leur procurer une compensation morale et un apaisement. Comment s'expliquer cette particularité française et partiellement européenne ? Quels en sont les avantages et les inconvénients ? Et surtout, comment peut-on envisager l'évolution à venir ?

Petits détails, grands effets

L'anglomanie habitait déjà nombre de Français et d'Européens en 1789 et, avec elle, l'admiration pour le système du jury, expression populaire de la justice. En matière pénale, les révolutionnaires français adoptèrent les idées à la mode en installant des jurys à tous les stades de la procédure pénale. Pendant les douze années de ce qu'on a appelé jusqu'à Napoléon le « droit intermédiaire », ce fut un fiasco. Depuis 1808, nous n'avons plus de jury que dans les cours d'assises pour les crimes. Pour les affaires civiles, dès 1792, les constituants décidèrent d'écarter le jury des tribunaux et de confier les jugements à trois juges professionnels. Trois, pour faire durer cet ersatz de jury qui s'appelle la « collégialité ». Aux États-Unis, le jury n'a jamais cessé d'exister depuis sa création pour toutes les affaires civiles et pénales. Quant au Royaume-Uni, il a fini par le supprimer en 1933 pour la plupart des affaires civiles, mais sa procédure est restée marquée par les conséquences de son existence pendant plusieurs siècles avec un apparat beaucoup plus important que sur le continent.

Devant un jury, il faut tout expliquer et la procédure est nécessairement orale. Avec trois juges professionnels et une procédure écrite, le travail est beaucoup plus rapide et principalement le fait des avocats. En un mot, la procédure française n'est pas spectaculaire. Le procès civil français ne ressemble pas à l'idée que le public se fait d'un procès. Le « vrai », le « beau » a lieu chez nous au pénal. Ce qu'on a décrit précédemment de l'évolution de la place de la victime dans nos sociétés aboutit à faire débouler toute une série d'affaires de préjudice vers les juridictions pénales et non vers les juridictions civiles. Pour des raisons de forme procédurale, chez nous, c'est sur la scène pénale et non civile que le procès produit un effet « cathartique ». Les témoins, les débats, pour tout dire le travail de représentation que doit accomplir la justice n'a pas la possibilité de s'effectuer au civil. La justice est aussi un théâtre dont les parties et les témoins sont des acteurs. Or le théâtre est une pièce bien sûr, bien écrite de préférence, mais c'est aussi la mise en scène, les costumes, les décors, la parole, tout ce qui est en cause dans la représentation. Tant qu'on n'aura pas transformé notre procédure pour faire en sorte que ce cérémonial puisse exister lorsque certaines catégories d'affaires civiles le nécessitent, rien ne pourra changer.

Certes, diront les critiques, mais si résoudre le problème consiste à jouer au civil ce qui est joué au pénal, à quoi bon changer ? Parce que sur le plan symbolique, le pénal n'a pas le même rôle que le civil. Par conséquent, diriger un flux de demandes de réparation vers le juge civil est plus logique et plus sain, tandis que le laisser se diriger vers la justice vindicative ne l'est pas. C'est la différence entre fouetter publiquement une personne et lui demander des excuses et éventuellement une réparation.

Le deuxième aspect est économique. Louer l'appareil d'État gratuitement au pénal pour faire mener sa guerre privée par la police et la justice est un avantage considérable. Être obligé d'avancer les frais de longues expertises au civil ne l'est pas, surtout lorsqu'il s'agit de victimes de toutes les infractions involontaires. Pourtant, mettre les riches devant leurs responsabilités de dépenser pour l'enquête ne serait pas une mauvaise idée. Rien n'empêchant de trouver pour les plus démunis un système de financement public. Alors qu'aujourd'hui, qu'il s'agisse de riches ou de pauvres, au pénal, c'est l'État qui paye tout !

Enfin, le juge pénal a des prérogatives contraignantes dont ne dispose pas le juge civil. Il peut mettre en prison préventive, demander des gardes à vue, opérer des saisies, faire des écoutes téléphoniques. Cet argument est peut-être le plus fort. Mais la société démocratique dispose d'un procureur précisément pour savoir si tous les moyens régaliens doivent être mobilisés pour une guerre particulière. C'est à lui d'en décider et non pas aux victimes de lui dicter son comportement.

Tout sauf un détail

L'autre motif du développement hypertrophié de la place de la victime sur la scène judiciaire tient à un phénomène politique qui n'a fait que renforcer le mouvement, à savoir le long travail de reconquête de la justice dans la nation. On doit se souvenir qu'en 1789, l'une des revendications majeures de la population est le fonctionnement de la justice. Insuffisante, trop compliquée, parfois vénale, mauvaise fournisseuse de services, la justice est également suspecte politiquement de vouloir s'imposer au pouvoir. Le cauchemar des révolutionnaires est aussi celui de la monarchie et s'appelle les « parlements ». Aussi, par les lois du 16 et du 24 août 1790, la Révolution a-t-elle pris grand soin d'interdire au juge de s'occuper de l'État administratif et politique et de le maintenir dans un rôle subalterne. Dans l'État administratif, le juge n'est pas un grand personnage. Songeons qu'en 1989 encore, dans le protocole des cérémonies de la République, le président du tribunal de Paris se plaçait loin derrière le directeur de cabinet du préfet de police. D'une manière générale, pendant ces deux derniers siècles, l'avocat ne constitue pas la figure régulatrice essentielle de la société. Pas plus que le juge, qui est mal payé et peu considéré. Tout a été dit depuis vingt ans sur le sujet[2].

Mais on connaît moins bien la manière dont le juge français a réussi à rétablir son pouvoir grâce à l'inflation pénale. La situation explosive était d'ailleurs parfaitement prévisible. D'un côté, une société très étatique disposant d'un Code pénal pléthorique. De l'autre, une sous-juridicisation culturelle, un monde politique légicentriste, administratif. Le juge français a pris le pouvoir à coups de hache. Grâce au pénal, il a réussi à faire sauter cette porte blindée qui protégeait les fonctionnaires et les politiques de toute invasion du droit pénal. Les infractions involontaires et l'abus de bien social ont servi d'arme à cette violence. La phalange triomphante des juges d'instruction starisés ne doit pas occulter le travail beaucoup plus discret et lointain de leurs ancêtres. En décidant en 1906 d'installer le système moderne de la partie civile en France, que fait la Cour de cassation ? En réalité, elle accroît ses compétences car cette réforme a pour effet de multiplier les occasions de saisine de la justice pénale, la seule à disposer d'un vrai pouvoir qui s'impose à tous les autres dans leur domaine. Quand, en 1912, la Cour de cassation définit l'« équivalence des conditions », c'est-à-dire l'identité entre la faute pénale et la faute civile dans les affaires d'homicide involontaire, soit essentiellement d'accidents, elle innove pour une période de quatre-vingt-trois ans jusqu'à ce que la loi du 10 juillet 2000 essaye de procéder à nouveau à cette division. Et quand, en 1921, le législateur décide que les parties civiles auront accès au dossier pénal par l'intermédiaire de leur avocat comme il l'a permis pour la défense en 1897, il consacre un mouvement de société vers le renforcement du rôle des victimes déjà entamé par les juges eux-mêmes.

L'extension des règles de responsabilité a étendu la compétence du juge et lui a donné plus de pouvoir pour investiguer et sanctionner tous les dysfonctionnements qui conduisent à des sinistres. La comparution de Christian Hervé, Georgina Dufoix et Laurent Fabius devant la Cour de justice de la République dans l'affaire du sang contaminé a été rendue possible par un double mouvement de fond, favorable à la fois aux victimes et à une plus large extension du judiciaire pénal, quitte à faire une entorse à la sacro-sainte séparation des pouvoirs. On s'en gargarise, alors même qu'on a soin de la piétiner dès que possible, en l'occurrence par le renvoi au pénal de ministres et d'un ancien Premier ministre devant une cour spéciale composée pour l'occasion de juges et de parlementaires. Ce fut une première mondiale que de juger au pénal un Premier ministre sur un problème de gestion de santé publique. L'acquittement de Laurent Fabius et de Georgina Dufoix ne diminue en rien la valeur symbolique de cet événement. Assez curieusement, en 1993, lorsque a été créée la Cour de justice de la République, le législateur a éliminé les parties civiles de la procédure. Devant cette juridiction spéciale chargée de juger les ministres, elles ne peuvent ni déclencher automatiquement les poursuites ni être présentes à l'audience pour déposer des conclusions. Voilà bien un symptôme intéressant de la méfiance tant de la commission Vedel de révision de la Constitution qui a préconisé cette solution, que du législateur qui l'a suivie. Comme si l'aberration trop fréquente de cette omniprésence de la victime dans le procès pénal était ainsi reconnue, tout en réservant aux ministres le bénéfice de cette disposition sur le thème :

« On a déjà créé une cour pour juger de manière certaine les ministres lorsqu'ils ont éventuellement commis des infractions dans le cadre de leurs fonctions, on ne va pas en plus donner aux victimes les mêmes pouvoirs que dans les autres procès qui ne concernent que des particuliers. »

Que croit-on qu'il advînt ? Les victimes étaient quand même là, pour protester et déposer des conclusions alors qu'elles n'en avaient pas le droit. Ce fut un important événement médiatique. Écartées juridiquement du procès, elles y occupèrent cependant une place importante pour porter la contestation et revendiquer l'existence d'un droit qui ne leur était pas reconnu. Cet épisode a donné lieu à des scènes courtelinesques, une avocate des victimes interpellant le président pour lui dire : « Je dépose des conclusions », et le président de lui répondre : « Vous n'en avez pas le droit. – Qu'est-ce que j'en fais alors ? » Réponse du président : « Vous n'avez qu'à les déposer sur le coin du bureau de la cour mais je ne les prendrai pas. »

Pouvoir de l'État, pouvoir des juges

En Europe, la France fut l'une des premières nations à disposer d'un État fort dont la justice constituait clairement l'un des enjeux. D'abord, lorsque en quatre siècles le roi finit par déborder, réduire puis dominer complètement les justices locales, seigneuriales et ecclésiastiques. Ensuite, quand le monopole de la poursuite par le roi et l'utilisation du châtiment devinrent un moyen d'expression politique dont dépendait l'exercice de la fonction pénale, comme l'a si bien souligné Michel Foucault dans *Surveiller et punir*[3]. Parallèlement, le pouvoir s'efforce de dominer les magistrats. La Révolution les parque dans leur palais de justice et leur interdit de toucher à l'administration et à l'État. Et Napoléon réorganise ce corps selon le modèle militaire, avec d'un côté les procureurs qui s'appellent procureurs généraux dans chaque cour d'appel et de l'autre les juges du siège. Les premiers sont dépendants du pouvoir, les seconds indépendants. Mais les magistrats du parquet constituent une sorte de cheval de Troie puisque, faisant partie d'un corps unique, ils peuvent intégrer la fonction de juge du siège quand ils le veulent et réciproquement. Ces déroulements de carrière donnent au gouvernement une maîtrise sur le corps entier de la magistrature. Le triomphe du pouvoir se manifeste d'un côté par l'éclat de sa politique pénale et de ses châtiments exemplaires et de l'autre par sa domination sur le corps des juges.

L'implosion était inévitable. L'instrumentalisation de la magistrature a en grande partie cessé. L'accueil de la victime sur la scène judiciaire pénale a constitué l'un des moyens pour les juges de consolider leur indépendance. Tant que les plaintes des parties civiles étaient filtrées par le parquet, qui lui-même était aux ordres du gouvernement, la compétence judiciaire était réduite. Lorsque, en 1906, la Cour de cassation accepte le déclenchement quasi automatique des poursuites sur plainte des parties civiles et qu'en 1921 le Parlement consacre le mouvement en leur permettant d'être représentées par un avocat dès l'instruction, comme ce fut le cas pour les avocats de la défense en 1897, le pouvoir du gouvernement se réduit, puisqu'il n'a plus toute la maîtrise de l'action publique. En se faisant accueillir par les juges, la victime les aide à consolider leur indépendance et à échapper à la toute-puissance de l'État. Mais une fois cette tête de pont établie en son temps, la conquête des victimes sur la justice pénale s'est poursuivie jusqu'à être quasi complète, y compris dans l'administration des peines puisque la revendication larvée de certaines associations (sauf, notamment, l'Apev, présidée par Alain Boulay) est de pouvoir obtenir un veto sur les libérations conditionnelles. Depuis l'origine de la procédure (le déclenchement des poursuites) jusqu'à l'administration de la peine, les victimes sont donc en train d'exiger puis d'obtenir pas à pas que la justice pénale, fonction régalienne par excellence, soit de plus en plus privatisée.

Une tradition réparatrice

Ces explications schématiques, un peu mécanicistes, se complètent d'éléments plus nuancés. Les juges ne sont évidemment pas des comploteurs silencieux qui ont instrumentalisé les victimes pour reconquérir au XXe siècle un pouvoir perdu au XVIIe. Il est vrai que, depuis cent cinquante ans, les juges français ont développé le droit de la responsabilité civile à partir de quelques lignes du Code civil, l'article 1382 : « Tout fait quelconque de l'homme qui cause à autrui un dommage oblige celui par la faute duquel il est arrivé à le réparer. » Tout est contenu dans ce texte remarquable : le fait, la causalité, la faute, le dommage et ses réparations. Grâce à ce texte, les juges ont étendu à l'infini le domaine de la responsabilité civile jusqu'à ce fameux arrêt Perruche qui en a marqué la limite, le 17 novembre 2000. Ils ont condamné à des dommages et intérêts un laboratoire ayant donné des résultats erronés à une mère ayant accouché d'un enfant très handicapé à la suite de la rubéole qu'elle avait contractée. Forte de ces résultats, elle ne se fit pas avorter mais, les parents étant déjà indemnisés, le procès soumis à la Cour de cassation fut fait au nom de l'enfant. Et la Cour de cassation a jugé qu'il fallait l'indemniser. Aussitôt le public s'interrogea, notamment du côté chrétien, sur le sens de cette réparation du dommage d'être né. L'émotion fut si grande que le législateur fut contraint de voter, le 4 mars 2002, une loi d'application immédiate, renversant cette jurisprudence qui n'était pas encore définitive et donc ne disposait pas de l'autorité de la chose jugée. Mais en octobre 2005, la Cour européenne des droits de l'homme a remis en cause la solution prise par le législateur français. Elle a jugé que l'indemnisation intégrale du préjudice causé par le handicap de l'enfant était nécessaire. Aux juridictions nationales de se débrouiller. Ce qu'elles ont commencé à faire en France avec trois arrêts de la Cour de cassation du 24 janvier 2006 allant dans ce sens.

Cette polémique a montré que les juges sont à la pointe de toute une culture de la réparation. Leur rôle social a été considérable. Si leur office consiste à faire de la norme à partir d'un cas concret, leur œuvre a été immense pendant le XIXe et le XXe siècle, pour rééquilibrer les rapports sociaux trop souvent boiteux entre le fort et le faible, dans tout le contentieux de la responsabilité, y compris celui des accidents du travail. Sans doute cette culture de la réparation est-elle d'inspiration chrétienne. Ce fut formellement vrai jusqu'à la IIIe République qui, au moment de la loi sur les congrégations, vit partir à la retraite une grande partie des juges et des procureurs qui ne souhaitaient pas l'appliquer. Après quoi on peut dire que la IIIe République a complètement renouvelé le corps des magistrats. Mais à cette source d'inspiration chrétienne ont succédé la pratique républicaine et le « mouvement social ». Tout corps social à qui un pouvoir est confié l'exerce. Et a la volonté d'en étendre l'application. Le fait pour ces magistrats d'avoir, d'un côté, construit le droit de la responsabilité civile avec une philosophie réparatrice et, de l'autre, d'avoir fait entrer la victime sur la scène pénale participe de cette extension de pouvoir.

Au centre de la culture de la magistrature

La victime est la figure essentielle qui habite la culture de la magistrature. On l'a vu plus encore avec l'explosion culturelle de Mai 68 dont la seule trace institutionnelle qui demeure est le Syndicat de la magistrature. Or ce syndicat, où toute la magistrature d'une époque est passée, y compris Simone Veil, a systématisé cette attitude d'ouverture de plus en plus grande aux victimes, sur le thème politique du rééquilibrage des situations. On se souvient encore de la « harangue » d'Oswald Bodot, un magistrat qui, en septembre 1974, s'est amusé à écrire à cent trente-six collègues une harangue sous forme de « béatitude » qui faillit le faire poursuivre par Jean Lecanuet, le garde des Sceaux de l'époque. « Ne croyez pas qu'un homme soit coupable d'être ce qu'il est ni qu'il dépende de lui d'être autrement. Autrement dit, ne le jugez pas. Ne condamnez pas l'alcoolique. L'alcoolisme que la médecine ne sait guérir n'est pas une excuse légale mais c'est une excuse atténuante. Parce que vous êtes instruit, ne méprisez pas l'illettré. Ne jetez pas la pierre à la paresse, vous qui ne travaillez pas de vos mains. Soyez indulgents au reste des hommes. N'ajoutez pas à leurs souffrances. Ne soyez pas de ceux qui augmentent la somme des souffrances. Soyez partiaux. Pour maintenir la balance entre le fort et le faible, le riche et le pauvre qui ne pèsent pas le même poids, il faut que vous la fassiez pencher plus fort d'un côté. C'est la tradition capétienne. Examinez toujours où sont le fort et le faible qui ne se confondent pas nécessairement avec le délinquant et sa victime. Ayez un préjugé favorable pour la femme contre le mari, pour l'enfant contre le père, pour le débiteur contre le créancier, pour l'ouvrier contre le patron, pour l'écrasé contre la compagnie d'assurances de l'écraseur, pour le voleur contre la police, pour le plaideur contre la justice. Ayez un dernier mérite, pardonnez ce sermon sur la montagne. »

Certains aujourd'hui revoient avec une nostalgie justifiée cette époque, fertile certes, mais qui a aussi probablement ouvert des portes au populisme pénal que dénonce un magistrat essayiste, Denis Salas[4]. Porté par ce même courant réparateur, depuis vingt-cinq ans, le législateur a suivi le mouvement en l'encourageant par la consécration de la poursuite privée avec les associations qui, de plus en plus, dans un certain nombre d'affaires, doublent les parquets. Ces pratiques sont complètement inconnues dans la plupart des pays du monde. Mais en France elles prospèrent.

9.

Un effet de leurre

Les inconvénients du système français de la partie civile ne pèsent pas lourd face aux avantages que le public et maintenant les politiques y trouvent, compte tenu des progrès foudroyants du rôle de la victime dans nos sociétés. Le premier inconvénient se loge dans les leçons de l'histoire. Tout cet effort accompli depuis deux mille ans pour tenter d'extraire la victime de la scène pénale est remis en cause aujourd'hui, en tout cas en France et peut-être ailleurs. Une petite révolution vient en effet de s'opérer au niveau international avec l'apparition non pas des « parties civiles » mais de « représentants des victimes à la Cour pénale internationale ». Les Américains s'étant exclus de l'entreprise, les Européens ont fait ce qu'ils ont voulu. Plus précisément, ils ont exécuté les volontés des ONG rassemblant les militants des droits de l'homme et elles-mêmes regroupées en une formidable « coalition » pour la CPI. La représentation et la défense des victimes sont une grande nouveauté obtenue par le traité de Rome de 1998, qui a créé la Cour pénale. Elle consacre un mouvement international considérable suscité par de multiples associations qui dédient leur existence à la défense des victimes et, en cette circonstance, à leur introduction sur la scène judiciaire pénale internationale. Certes les droits de la défense ne sont pas les mêmes que ceux de la représentation des victimes, mais avec cette tête de pont cette dernière aura vocation à se développer*. Les pays latins, le Benelux et l'Allemagne risquent plus de se rapprocher du modèle français que du modèle anglo-saxon, aux parties civiles inexistantes, alors qu'on voit mal la France se rapprocher d'un modèle plus restrictif pour les parties civiles.

Mais pourquoi fétichiser une forme particulière de justice pénale mise en place au cours du XVIe et du XVIIe siècle ? Après un long cantonnement des victimes dont les pays anglo-saxons seraient encore aujourd'hui les tenants, l'arri-

* Les victimes de crimes internationaux ne sont pas formellement des parties à la procédure devant la Cour pénale internationale. Cependant, la CPI pourra entendre et prendre en considération la position des victimes sur des sujets regardant leur intérêt personnel, à des moments qu'elle jugera opportuns et de manière cohérente avec les droits des accusés à avoir un procès équitable. Les victimes peuvent être entendues par la voie de leurs représentants légaux. La Cour est en train d'organiser un système d'aide légale, de manière que des avocats soient disponibles pour représenter les victimes qui n'ont pas les moyens d'en rémunérer un. Elle acceptera les représentations collectives (entretien avec Kenneth Gallant, professeur de droit à l'université d'Arkansas, fondateur et membre du Conseil du barreau pénal international, 17 septembre 2005). En janvier 2006, une chambre de la Cour a rendu une décision interprétant ces principes de manière très favorable à la participation des victimes.

vée en force de celles-ci sur la scène pénale n'est peut-être qu'un juste retour des choses. Quoi de plus normal que de voir une victime tenir au bout de sa mire l'auteur d'un crime ou d'un accident et de lui demander directement de rendre des comptes ? Après tout, les gens qui crient : « À mort ! À mort ! » quand les assassins descendent des fourgons pour entrer dans la salle d'audience des cours d'assises ne font eux aussi qu'exprimer une opinion, une volonté de sanction par rapport aux victimes auxquelles ils s'identifient. Et à quoi sert la justice si ce n'est à faire respecter la paix civile ? Elle se doit donc d'être le réceptacle de toute cette violence, de cette volonté de sacrifice. Ce n'est pas une activité de salon mais une représentation cruelle destinée à apaiser les passions en les laissant s'exprimer.

Prenons la catastrophe de Furiani. En 1992, la Chancellerie a décidé de laisser ce procès se dérouler en Corse, au tribunal de Bastia. Elle aurait pu choisir un autre lieu, comme la loi le préconise lorsque de fortes pressions peuvent s'exercer sur la justice. Cela s'appelle un « dépaysement ». Mais dans la situation corse, un dépaysement du procès aurait provoqué la colère de la population sinistrée et aurait été source de difficultés politiques. Quelques jours avant l'audience, l'un des principaux accusés, le président du SCB (Sporting Club de Bastia), sortant de son domicile, est assassiné par une balle tirée d'un fusil à lunette sur le pas de sa porte. On n'y voit pas de problème, le procès se déroulera quand même comme prévu. Surprise à l'arrivée à l'audience publique : l'ensemble des places dans la salle est réservé aux victimes ; pour les autres, un système vidéo retransmet les débats au théâtre municipal. Les prévenus, une dizaine, se trouvent alignés derrière des protections en verre blindé, tandis que des jeunes gens costauds en gilet pare-balles et oreillettes, la veste gonflée sans doute par une arme de poing, patrouillent dans la salle d'audience. Après l'arrivée du seul détenu en fourgon escorté par plusieurs motards et sous la protection de tireurs d'élite placés sur les toits, l'audience commence pour trois mois sous l'ardente surveillance des victimes promptes à lâcher de bruyants « Assassins ! » à l'égard des prévenus ou même des experts dont les conclusions ne sont pas celles qu'ils souhaiteraient. Il faut dire que selon la dernière thèse d'une partie des victimes représentées par maître Vergès, ce sinistre de construction est un assassinat. Alors même que le préfet de Bastia en fonction au moment de l'effondrement de la tribune a été mis hors de cause par l'instruction, les avocats des parties civiles, qu'à cela ne tienne, décident de le citer directement, ce qui l'oblige à comparaître. On eût pu imaginer que le tribunal, reconnaissant immédiatement qu'il a été mis au préalable hors de cause, le prierait de reprendre le chemin de Paris. Mais la foule gronde et le parquet, bien conscient de la tension, finit par recommander que le préfet reste, ce que le tribunal accepte et qui est pourtant bien discutable en droit, mais n'est pas la préoccupation du jour. Arrive le terme des débats, avec une journée spéciale accordée aux victimes qui viennent, les unes en chaise roulante, les autres soutenues par des béquilles, avec une minerve, plâtrées, apostropher les prévenus. Pendant toute une matinée, ceux-ci se font insulter, conspuer : « J'aurai ta peau ! »

etc., bref, une séance de crachats devant le procureur baissant les yeux et le tribunal gêné mais muet. Vient le temps des plaidoiries de la défense. Chacune des parties civiles commence alors à frapper sa chaise avec une bague, un stylo, un briquet, des clés ; certains tapent des pieds. L'avocat s'arrête, le bruit aussi. L'avocat reprend, le bruit également. Finalement, la salle est évacuée, et les avocats accomplissent leur office, seuls avec le tribunal et les prévenus.

Les condamnations furent lourdes. Le préfet fut remis hors de cause. Mais pour les victimes qui, toutes, avaient été indemnisées, ces peines étaient insuffisantes. En tout cas, ce furent les seules voix rapportées par les médias. Quelques mois plus tard, la cour d'appel adoucit certaines peines dans un climat plus serein, mais condamna le directeur de cabinet du préfet qui avait été relaxé par le tribunal. Des victimes, mécontentes, clôturèrent alors ce second procès en appel par un immense incendie de pneus devant les grandes portes de fer du palais donnant l'accès du tribunal aux accusés. Avant même le procès, l'association promue par la Chancellerie (l'Inavem citée plus haut) avait réussi à faire indemniser toutes les victimes avec le concours de l'État (finalement partiellement responsable), des caisses de sécurité sociale et des assurances. Ce fut une première en termes d'efficacité. Ce procès, comme un train, était arrivé à l'heure. La Chancellerie était satisfaite, de même que le tribunal de Bastia (qui en profita pour faire restaurer son palais de justice vermoulu).

En cette occasion, la justice n'a-t-elle pas joué parfaitement son rôle pacificateur malgré quelques fautes de goût inévitables dans ce genre d'exercice ? Chacun est libre de le penser. La justice aurait-elle triomphé à la fois de la douleur, de la passion et ramené à la raison des gens légitimement énervés, de nombreux blessés, des proches des décédés et toute une ville traumatisée ? La représentation judiciaire n'a-t-elle pas été exemplaire ? Après tout, pourquoi faire les délicats ? La perspective d'un accomplissement ne peut-elle suffire à justifier d'avoir quelques mauvais moments à passer ? De même, dans le traitement judiciaire de la catastrophe du tunnel sous le mont Blanc, sans aucun excès de la sorte, le résultat à la française n'est-il pas le meilleur ? Et dans l'affaire du sang contaminé, malgré la volonté des victimes de faire juger une deuxième fois le docteur Garetta, cette fois-ci pour assassinat, et juger en troisième séance des gens qui avaient servi de témoins dans la première, huit ans plus tôt, quel serait le problème ? Le 4 juillet 2002, une chambre de l'instruction a bien eu le courage de mettre un terme au troisième procès par un non-lieu final ! N'y a-t-il pas de bonnes raisons de permettre des échanges entre les victimes et leurs « bourreaux » ? Pourquoi empêcher l'auteur du crime ou du délit d'expliquer les raisons de son acte ? La salle d'audience n'est-elle pas ce lieu privilégié où les cris de douleur des victimes doivent se pousser, se représenter puis, grâce à la justice, se symboliser ? Enfin, croit-on, comment ces malheureux, frappés par le crime ou l'accident, pourraient-ils faire un deuil sans procès ? Comment canaliser politiquement toute la haine, la violence des personnes qui, faute d'un exutoire, s'en prendraient au pouvoir politique et, pour boucler la situation victimaire, trouveraient un persécuteur en chef ? Moins les victimes seront les acteurs du procès pénal, pense-t-on, plus elles iront chercher ailleurs, plus haut, toujours plus haut, le grand responsable de leurs souffrances. Alors, après tout, autant lâcher le maximum de lest, comme à Furiani, pour éviter les dommages collatéraux du crime et de l'infraction involontaire. Ce serait une thérapie. Les soins exigeraient la présence des victimes devant leurs bourreaux. Cette confrontation assortie de la condamnation est une première condition à l'exercice des soins que la victime est en droit d'obtenir et que d'ailleurs, dès l'événement, les pouvoirs publics organisent avec les cellules d'aide psychologique (dont il a été question précédemment).

Les servitudes de la chronologie

Avec l'affaire de Furiani, on distingue bien les failles du système. La justice a rempli son rôle restaurateur et rétributeur, par l'octroi des indemnisations civiles dissociées du procès et antérieures à celui-ci, et, d'autre part, avec une audience exutoire comme on en avait encore rarement vu. Mais chacun peut également comprendre le danger qui consiste à tenir ces procès où les victimes sont tellement actives qu'elles finissent par occuper toute la salle d'audience et toute la scène pénale. Le même phénomène s'est produit avec l'affaire du tunnel sous le mont Blanc.

Idem dans les plus grandes affaires criminelles, notamment avec les tueurs en série.

Le point qui fait difficulté est d'ordre chronologique. Au moment du procès, les victimes ont subi un dommage. Qui en est l'auteur ? C'est à la justice de le dire. Mais non pas à elles, les victimes, sinon le lynchage est proche[1]. Chronologiquement, la victime n'est donc pas à sa place dans le procès pénal. Elle ne pourra être reconnue victime que lorsque l'accusé ou le prévenu sera condamné. Tout le problème est là. Selon le raisonnement anglo-saxon, tant sur le plan de la doctrine que dans la pratique, les personnes ayant subi un préjudice, et candidates à l'état de victime, sont les plus mal placées pour accuser l'auteur. Le rôle du procureur est de porter l'accusation parce qu'il n'est pas directement partie prenante. Il exerce son office de défense de la société et porte une accusation forcément plus détachée que le candidat victime. Le procureur confisque la fonction sacrificielle. Il l'assume dans un but d'ordre public à un niveau étatique.

Laisser au candidat victime le soin d'accuser représente une régression symbolique considérable. C'est ouvrir une boîte de Pandore que les sociétés ont mis beaucoup de temps à fermer. Revenir en arrière est également menaçant pour la fonction judiciaire, car cela revient purement et simplement à la réduire uniquement à une fonction pacificatrice quasi mécanique. Une telle réduction non seulement favorise tous les abus, mais risque de ruiner une institution qui doit demeurer crédible. Or, s'il ne s'agit que d'avoir la paix avec les victimes candidates puis avérées, quelle crédibilité lui restera-t-il ? Aucune. Alors que précisément la caractéristique de la fonction judiciaire est cette indépendance qu'elle a difficilement conquise sur le pouvoir politique, et qui est maintenant menacée par une société victimaire et la puissance médiatique des victimes.

La justice doit être crédible pour tout le monde. Qu'elle fonctionne sous le contrôle de la victime l'entame forcément, du moins dans son apparence. Un ver est entré dans le fruit et finira par le dévorer. Jadis, les juges étaient toujours soupçonnés d'être à la botte de l'État. Désormais, ils le seront d'être les serviteurs des victimes, ce que d'ailleurs celles-ci attendent d'eux et en quoi elles sont soutenues par les médias. Peu importe que les audiences se passent bien ou mal, le résultat est le même. Seul le découplage des deux scènes permet d'éviter cet inconvénient. Car c'est une fois l'état de victime admis par la justice qui, avec le jugement, délivre en quelque sorte un « certificat de victime », que celle-ci peut bénéficier de toutes les conséquences de ce nouvel état.

En France, cette dissociation se fait à l'envers. C'est ainsi que, avant même le procès, les commissions d'indemnisation des victimes d'infractions pénales, destinées à réparer les dommages qu'elles ont subis, peuvent intervenir. D'où un problème chronologique évident : comment décider avant tout jugement de l'existence d'une infraction pénale ? C'est pourtant le rôle de ces commissions qui ont trouvé comme justification qu'elles ne décident rien sur l'imputabilité mais seulement sur l'existence d'une infraction. Cela rend quand même problématique le rôle du tribunal, dont la liberté de jugement doit porter non seulement sur l'imputabilité de l'infraction mais aussi sur son existence.

Le lecteur pensera peut-être que ces observations ne sont que pinaillages, réflexions abstraites, préoccupations de perfectionnisme, et qu'il n'est pas nécessaire de s'encombrer de toutes ces complications et réserves dès lors que les victimes qui ont vécu un drame sont satisfaites. Mais le respect absolu de la procédure est une garantie, un garde-fou indispensable. Si celle-ci devient à géométrie variable selon les circonstances, il n'y a plus d'ordre juridique qui tienne et la démocratie est plus que menacée. Ces mêmes victimes qui contestent la procédure pourraient souffrir à leur tour dans d'autres circonstances que ce principe ne soit plus respecté. Ne pas s'encombrer des complications procédurales a longtemps justifié les procès politiques et les justices d'exception. Ainsi, après la guerre et avec la décolonisation, on a vu se créer diverses juridictions spéciales puis la Cour de sûreté de l'État, organe permanent dissous par la gauche en 1981. Là aussi, des pinailleurs disaient que ces juridictions très dépendantes du pouvoir politique étaient contraires à la démocratie et au droit des gens, tandis que d'autres, approuvés en cela par une large partie de l'opinion publique, approuvaient fortement que la justice fasse ce que le pouvoir politique souhaitait pour le bien de l'ordre public. Aujourd'hui, les juridictions d'exception ont disparu et le pouvoir politique n'exerce presque plus d'influence sur la justice. Mais un procès politique est un procès où des pressions sont exercées sur les juges. Qu'elles viennent du pouvoir ou non. Dans les procès d'aujourd'hui, les victimes exercent sur les juges une quasi-menace, beaucoup plus explicite encore que celle des politiques jadis sur les juridictions d'exception. Elles génèrent des procès politiques d'un nouveau genre. Avec les mêmes inconvénients que jadis pour la démocratie, dont l'une des caractéristiques doit être l'impartialité et l'indépendance du juge, celui-ci devant être suffisamment protégé des pressions par son statut mais plus encore peut-être par sa personnalité même.

Un dialogue impossible

Le dialogue entre les victimes et leurs bourreaux, volontaires ou involontaires, pèche aussi par la chronologie du procès. C'est un affrontement entre deux personnes dont le statut n'est pas déterminé mais à déterminer, l'une qui se défend et l'autre qui accuse. Quelle parole de vérité pourrait en jaillir ? Généralement aucune. Ce qui jaillit vient des médias qui font bouillonner l'émotion réelle ou mise en scène. Pour qu'un tel dialogue existe, il faudrait que l'accusé soit parfait, c'est-à-dire capable de transcender son acte au point qu'on en viendrait à se demander comment il a pu le commettre. L'accusé, à qui le rôle du diable est imparti, n'est jamais parfait. S'il évoque ses remords, il « joue la comédie ». S'il reste impassible, il est « insensible ». S'agissant des accidents, sa personne reste toujours sans rapport d'échelle avec la catastrophe dont il est accusé d'avoir été la cause.

Dans ces affaires, les victimes se plaignent très souvent de ce que les prévenus ne s'excusent pas, ni ne demandent pardon. Comme si, par définition, ils étaient coupables. Toujours la chronologie : tant que le jugement n'est pas rendu, c'est-à-dire après délibéré et non pendant le déroulement du procès, un prévenu ou un accusé n'est pas un coupable. On voit la pire application de cette revendication dans la tentative des victimes de faire dire au criminel, pervers ou psychotique, les raisons de son acte. À l'évidence, le pervers ne va pas expliquer sa jouissance, laquelle est pourtant sa seule raison. Quant au psychotique, s'il pouvait mettre des mots sur son crime, peut-être ne l'aurait-il pas commis, ses actes venant bien souvent précisément se substituer à une parole indicible. Les confrontations évoluent donc dans le faux-semblant. Ce n'est pas encore le temps de la parole, il vient après. Ne pourrait-on, comme dans d'autres pays, faire en sorte qu'après, les victimes avérées et le bourreau jugé puissent se rencontrer ? Si la victime a besoin de prendre en considération la réalité de son bourreau, ce n'est qu'une fois le jugement rendu qu'elle le pourra. Auparavant, aucune parole ne peut être vraie puisque fatalement instrumentalisée par l'un ou l'autre, écartelée par les exigences de la défense ou de l'accusation privée. L'accusateur public ne se situe pas dans ce registre, ni dans celui de la représentation. Par ses questions, il tente de mesurer les explications de l'accusé par rapport à des standards de normalité sociale. D'abord, il évalue la culpabilité en fonction de règles de preuve exigées par la justice et ensuite, la dangerosité en raison de son obligation de protéger la société.

Le cri d'une mère doit-il supplanter ce travail ? Que répondre à ce cri ? « Je veux vous montrer la photo de mon fils, petit garçon », disait une partie civile à la cour d'assises de Bordeaux dans l'affaire Papon. « Ce n'est pas l'objet du débat », lui répondit le président. De quel procès s'agit-il, de celui de l'accusé ou de celui *pour* la victime ? Comme le suggérait pertinemment le magistrat essayiste Denis Salas, dans *L'Étranger* de Camus, le personnage principal aujourd'hui ne serait pas Meursault mais l'Arabe[2] (la victime tuée sur une plage par le personnage principal du roman).

Un procès thérapeutique ?

Le prétexte thérapeutique soutenu par certaines victimes ne tient pas davantage. Il s'agit d'un leurre. La thérapie ne procède jamais d'un recul du symbolique. En réalité, si c'en était une, la seule thérapie résiderait dans le sentiment pour la victime d'avoir participé au sacrifice de l'accusé. C'est ce que certains appellent une préoccupation thymatologique (dont on a parlé plus haut) qui soulagerait la victime[3]. On voit vers quelle pente logique conduit cette satisfaction. Vers la peine de mort. Puis vers la présence de la victime à l'exécution. On a organisé ce spectacle aux États-Unis au moment de l'exécution de Timothy McVeigh, responsable de l'attentat d'Oklahoma City contre un immeuble du FBI le 19 avril 1995. La déception fut grande. L'injection léthale étant peu spectaculaire, les familles des victimes n'en ont guère tiré le profit espéré, tandis qu'à voir cet événement, et simplement l'organisation de ce spectacle morbide, beaucoup d'autres ont eu envie de vomir.

Il est pourtant aisé de suivre l'évolution du symbolique de la justice par l'évolution des peines. L'État ayant pris le monopole de la vengeance privée s'est trouvé contraint de la symboliser par la mise en scène d'un spectacle suffisamment effrayant pour montrer qu'il était encore possible de faire mieux que les victimes pour rétribuer leur douleur. Ce furent des exécutions atroces, les écartèlements, les supplices de la roue, les décapitations à la hache. Puis, avec la Révolution, vint la guillotine. Les exécutions, devenues plus « propres », s'effectuèrent d'abord sur les places publiques, puis la « terrible machine » fut transportée devant les prisons, puis on la cacha dans la prison, et enfin, en 1981, grâce à François Mitterrand et Robert Badinter, elle prit le chemin du musée des Arts populaires. Pour supporter de vivre ensemble le crime, la collectivité française, avec l'Europe entière qui s'était déjà prononcée pour l'abolition de la peine de mort, n'a plus eu besoin de voir le sang véritablement répandu, mais seulement le signe du sang que constitue encore la peine, ce qui demeure toujours au cœur de l'ambiguïté de celle-ci. Nul doute qu'un jour la peine finira par trouver son autre sens : celui, dominant, de la récupération ou de la réinsertion au lieu de la douleur infligée en compensation. Mais nous n'en sommes pas là. Tant s'en faut.

Pour l'instant, force est de se rendre à l'évidence : l'arrivée de plus en plus massive des victimes sur la scène judiciaire pénale est une reculade de la symbolisation dans la justice. Et sous des prétextes fallacieux de soins prodigués aux victimes, c'est une occasion de régression sociale et individuelle.

Le procès, condition du deuil ?

Cette régression est tout autant dommageable pour le deuil. L'acte criminel volontaire ou le délit involontaire ne constituent qu'un des multiples vecteurs de la mort. L'idée que seul le procès permettrait le deuil est encore un leurre. Un autre. Si la victime suit le chemin judiciaire dans l'espoir de faciliter son travail de deuil, dont on a parlé précédemment, elle se trompe pour trois raisons.

D'abord, à cause du temps. La justice pénale est longue, tout particulièrement en France, pays dans lequel l'opéra judiciaire est écrit à l'avance et où l'audience de représentation se réduit à un spectacle mis en scène dont le livret est déjà bouclé par le juge d'instruction. Comment, cinq ans après dans le meilleur des cas, ou quinze ans dans le pire pour certains accidents, commencer son deuil ? Comme si le deuil était, là encore, un événement purement individuel sans rapport avec la réalité extérieure. Cinq ou dix ans après le décès de l'être cher, où seront les personnes du quartier, du village qui accompagnent l'endeuillé de leur commisération, de leur sympathie et de leur aide ?

Certes, on comprend que, dans certains cas exceptionnels, telles les affaires Barbie ou Papon, l'ampleur du crime, sa prodigieuse et terrible notoriété sont telles que le temps n'a pas de prise sur toute une génération. Il est concevable de dire alors qu'une condamnation peut être une clôture, la fermeture d'une plaie ouverte cinquante ans auparavant. Mais la situation n'est pas la même avec le crime ordinaire ou l'accident, si horrible soit-il.

À l'inverse de ce qui est complaisamment soutenu, le temps judiciaire est incompatible avec la « fabrication » du deuil, on l'a dit. Il est même un obstacle à celui-ci, on l'a vu. Le temps de la justice ne fait qu'allonger les souffrances car la recherche de la raison de la mort empêche d'en prendre acte, gèle en quelque sorte le travail du deuil. Les médias se complaisent parfois à exposer des proches parlant à leurs morts sur leurs tombes avant le procès*. C'est une pathologie symptomatique extrême mais elle habite virtuellement toute victime. Pendant le temps passé à se concentrer sur la question de la cause du deuil, et non à en assimiler l'effet, à savoir la perte, le défunt reste encore un peu vivant. Le traitement judiciaire de l'acte criminel ou délictueux suspend abusivement le travail de deuil. C'est bien ce que disent les victimes elles-mêmes lorsqu'elles expliquent qu'elles ne le commencent qu'à l'issue du procès.

Enfin, troisième raison, la clôture du procès avec la condamnation demeure presque toujours sans rapport avec

* Comme on l'a vu lors de l'affaire de Furiani.

la douleur de la perte de l'être cher. Cette dissymétrie entre la dimension infinie de la mort et la sanction misérable d'un homme qui l'est tout autant ne fait qu'aggraver leur malheur. Le lieu commun que l'on serine mécaniquement aux victimes – pas de deuil sans procès – ne supplée pas l'impression ressentie d'avoir été complètement flouées.

Aussi, loin de promouvoir la paix, cette participation des victimes au procès ne fait qu'infecter leurs plaies dans la réalité de leur chair.

10.

Un phénomène universel

Que deux grandes catégories, l'une enviée, celle de victime, et l'autre réprouvée, celle de coupable, se soient dessinées dans notre société provient, on l'a vu, des racines mêmes de la démocratie qui, tout en favorisant l'individualisme, implique une attention à l'autre dans ses particularités les plus acceptables et les plus simples. L'ordre du compassionnel est ainsi inhérent à la démocratie. La destruction des grands idéaux explicatifs de l'Histoire accélère la distribution de tous et de tout dans ces catégories du bien et du mal qui correspondent à la grille victime-coupable. À ceci près que le statut de victime n'est pas nécessairement acquis pour toujours et que des retournements peuvent s'opérer. On l'observe bien dans les relations internationales.

La guerre et les victimes

Nous avions le souvenir de massacres politiques depuis le Moyen Âge : « Tuez-les tous, Dieu reconnaîtra les siens », les massacres à la Renaissance, celui de la Saint-Barthélemy, les violences organisées des « dragonnades » sous Louis XIV. La France porte toujours les traces des massacres de la Première Guerre mondiale et, encore récemment, l'Europe a connu dans les Balkans des purifications ethniques avec meurtres de masse. On se souvient également des Arméniens ou encore tout récemment des assassinats au Rwanda. Tuer les ennemis de son dieu est une vieille pratique, tout autant que tuer pour avoir plus d'espace suivant une haine ancestrale inscrite sur un territoire. Tout meurtre de masse s'accompagne forcément d'un fantasme ou d'un délire, mais la plupart reposent sur un élément de réalité, ne serait-ce que celui de vouloir prendre la place de l'autre, son pouvoir, voler ses biens, prendre ses femmes et réduire sa famille en esclavage.

Or un génocide comparable à celui des juifs, rationnellement inexplicable, était inimaginable. L'application des méthodes d'organisation industrielle par les nazis pour exterminer les juifs est un mystère. La Shoah constitue l'événement majeur pour comprendre la révolution de la victimisation à la fin du XXe et au début du XXIe siècle. Pour définir le crime contre l'humanité lors du procès Barbie, André Frossard a dit que les victimes étaient « coupables d'être nées ». Cette innocence de l'enfant, c'est-à-dire son absence de responsabilité du réel, a constitué l'une des bases de la perception de la Shoah par les juifs et par les autres qui se sont trouvés obligés de regarder ces images de corps morts semblables aux leurs. La Shoah a très certainement constitué l'un des éléments essentiels d'une révolution dans le grand public. Pour la première fois, peut-être, la mort de l'autre a renvoyé à la mort de soi. La mort de l'autre offre souvent une forme cachée de jouissance, ne serait-ce que celle que ressent le survivant d'être resté en vie. Après la Shoah, les images de mort ont atteint des millions d'individus dans leurs foyers, dans leurs villes et, par identification, ont généré chez eux la peur de mourir à leur tour dans une société où précisément tous les efforts sont faits pour ne pas penser à la mort. Les gens ordinaires, se retrouvant face à face avec la victime expiatoire, n'avaient plus d'espace mental pour ne pas en être solidaires. Le crime était si grand et l'innocence si parfaite que la victime est devenue sacrée.

Il était donc naturel que ce soit l'Onu qui inscrive le concept et la dénomination de « victime » dans le droit. La dernière guerre a ainsi généré la place moderne de la victime et entraîné un développement des droits de l'homme, d'une autre nature et d'une autre intensité qu'auparavant. Ces révolutions ont abouti notamment sur le plan pénal, on l'a dit, à la création d'une Cour pénale internationale par le traité de Rome en juillet 1998, prévoyant pour la première fois dans une institution judiciaire internationale une représentation des victimes. Mais au-delà de cet aspect institutionnel, par une sorte d'ensemencement de sacré dans la situation victimaire, la Shoah a entraîné une révolution des mentalités à propos de la place des victimes en général.

Une bonne guerre, une guerre juste, ne se mène plus que pour défendre des victimes opprimées, persécutées, même si parfois, comme en Afrique ou dans les Balkans, la labellisation d'origine montre ses limites. Lorsque l'humanitaire s'affranchit trop de la réflexion politique, il peut devenir une politique inconsciente ou une inconscience politique. Dans les grands conflits actuels, au Moyen-Orient, ou à venir, entre le Nord et le Sud, les positions victimaires seront toujours les meilleures car elles sont susceptibles de donner bonne conscience aux uns et mauvaise conscience aux autres. C'est pourquoi elles font l'objet d'un maximum de manipulations.

Dans l'après-guerre, la division du monde en deux blocs, impérialiste et anti-impérialiste, recoupait partiellement la division victime/coupable. L'effondrement du bloc soviétique a donné sa couleur propre à la nouvelle division du monde qu'on a vue se mettre en place. Mais, avant même la chute du mur de Berlin, au sein de toutes les sociétés occidentales tout comme dans le registre de la communauté internationale, cette distinction est apparue avec, notamment, le diagnostic psychiatrique objectivé, le mouvement féministe, la revendication des homosexuels, la judiciarisation de toutes les tragédies, accidents ou incidents de l'existence, la grille de lecture de l'enfance et de l'adolescence avec deux entrées, victimes ou délinquants.

La généralisation de l'approche victimaire trouve sa source dans un phénomène de fond interprété différemment selon les formes de chaque société. La France, par exemple, avec la place privilégiée et unique au monde qu'elle donne à la victime en tant que partie civile au procès pénal, voit naturellement son système largement exploité par le phénomène victimaire. Alors qu'aux États-Unis et dans le monde anglo-saxon, où le droit pénal est plus étroit et où les victimes n'ont pas de place devant le tribunal pénal, ce sont les juridictions civiles qui condamnent certains coupables à des dommages et intérêts, eux-mêmes inconnus de nos sociétés continentales. La victimisation des femmes n'a pas la même forme non plus en France et aux États-Unis, qui sont très marqués par une histoire féministe spécifique. On peut en dire autant des mouvements homosexuels, même au sein de la seule Europe. Dans tous les cas, si l'intensité se module, c'est bien l'assise victimaire qui se manifeste partout.

Mais, objectera-t-on, ce phénomène victimaire ne serait-il pas simplement une sorte de sauce accompagnatrice à la mode, universelle comme le Ketchup, qui ne rendrait compte de rien, ou en tout cas de moins que ce que l'on voudrait bien en dire, et ne justifierait pas de parler d'une « assise » ? Eh bien si, assurément. S'agissant du diagnostic psychiatrique, il est clair que la nouvelle définition objectivant la victime élargit son statut revendicatif. Largement fondé sur le postulat de la culpabilité du mâle et de la réaction nécessaire contre lui, le mouvement féministe est évidemment pris dans cette vision. Du côté des homosexuels, c'est plus complexe car il est clair que les persécutions ouvertes à leur endroit ont facilité leur positionnement en tant que victimes. Mais leur revendication d'une identité non point spécifique mais égalitaire, sur le plan du droit de la famille notamment, s'appuie quand même sur une affirmation victimaire, du type « Je suis victime d'une sexualité différente en ce qu'elle ne me permet pas d'avoir des enfants, comme les autres ». C'est cette assise victimaire qui, en réalité, conduit à la revendication du mariage homosexuel et à l'homoparentalité. La revendication du droit à l'enfant, chez les homosexuels comme chez les hétérosexuels, se fonde sur la même approche : être victime de la nature génère des droits positifs, là comme ailleurs. L'enfant est un don de la nature et ne peut représenter un droit. De même qu'il ne peut y avoir de droit à la santé, don de la nature aussi, mais juste un accès aux soins. Que la nature n'ait pas donné d'enfant ne justifie pas d'en exiger réparation à la société. Mais comme il est vain de le reprocher à la nature, les coupables, parce qu'il faut bien en trouver, sont ceux qui regardent avec perplexité les personnes qui, en réaction à des situations de différence nullement générées par autrui, et sans aucun rapport avec la justice, s'installent dans une position revendicatrice.

Le statut de l'enfant, dont on a parlé plus haut, victime ou délinquant, victime ou coupable, triomphant dans l'un de ces deux statuts, est le produit d'une des évolutions les plus graves que nous connaissions. Parce que, d'une part, elle affecte l'avenir mais aussi parce qu'elle révèle la violence de notre société. Dans *Les Juges*, un petit livre écrit en 1958 dont le succès mérité a ouvert les colonnes du *Monde* à son auteur pendant trente ans, Casamayor analysait d'une manière simple le fonctionnement judiciaire. Jadis, écrivait-il, quand un gosse volait un vélo, on s'intéressait au vélo. Maintenant, on s'intéresse au gosse. Cinquante ans plus tard, on s'intéresse tellement au gosse qu'on voudrait le pister et le dépister dès son plus jeune âge pour repérer les violents et les adapter. Des délinquants virtuels. Pour en faire quoi ? De l'administration de médicaments jusqu'au collège militarisé, qui n'est pas en soi une mauvaise idée, on ne voit apparaître que de la violence. Le raisonnement n'a pas plus d'enchaînement qu'un pont bombardé en son milieu. Cette approche du sujet est révélatrice d'une société qui, dans les faits, faute de substance, se rattrape avec des schémas simplistes. L'enfant en difficulté tombe dans les catégories de coupable ou de victime simultanément ou alternativement puisque, selon les schémas du jour, une victime deviendra presque nécessairement un coupable. Le moule est tel qu'il est à redouter qu'on trouve de quoi le remplir car l'Histoire, le plus souvent, n'est que la réponse à la question qu'on a choisi de se poser.

Une recherche désespérée du sens

Cette question nous ramène toujours au point de départ. Comment donner du sens à ce qui n'en a pas ? C'est bien là le ressort de la plupart des revendications victimaires. « Je ne voudrais pas qu'ils ternissent la mémoire de mon père en contestant leur responsabilité », dit une partie civile lors d'un procès pénal après un grave accident, montrant ainsi jusqu'où peuvent aller l'effervescence et le non-sens de ce schéma victimaire : l'innocence (jamais mise en cause) du père mort est conditionnée par la démonstration de la culpabilité de l'auteur présumé de l'accident. Comme si, sans la culpabilité évidente d'un tiers, la victime n'en était plus une. On voit bien là s'exprimer le désespoir de celui qui cherche à donner du sens à des événements qui n'en ont pas. Se manifeste également l'espoir de trouver enfin, avec ce schéma victimaire, une explication du monde. Mais évidemment, la réalité s'échappe toujours et encore. Si bien que les discussions entre les victimes d'accidents et les présumés coupables de fautes d'imprudence en arrivent à ressembler à celles de victimes avec l'auteur d'un acte criminel volontaire. Dans les deux cas, la demande est la même : il s'agit de réduire à ses propres catégories du bien et du mal des personnes qui n'en peuvent mais. La première, parce qu'on l'accuse d'un acte involontaire, la seconde, parce que dans son acte criminel rien n'est normalement compréhensible pour la victime. C'est d'ailleurs ce qui est au cœur de l'acte criminel, sauf quand il s'inscrit dans la « délinquance professionnelle » d'un milieu parallèle comme dans *Le Cercle rouge*, de Melville.

Shakespeare fait dire à l'un des personnages d'*Hamlet* : « Rien n'est ni bon ni mauvais, seule notre pensée le rend tel » (*For, there is nothing either good or bad, but thinking makes it so*). Afficher le degré zéro de la moralité et du sens est insupportable et laisse au volontarisme et à la croyance une place totale. Avec la chute des idéologies et des croyances, nous faudrait-il reprendre cette affirmation qui fonde tous les totalitarismes, toutes les perversions, tous les crimes individuels ou collectifs ? L'angoisse nous tenaille devant cette question. La victimophilie l'apaise par un moyen très simple, à savoir la recherche de l'objet persécuteur, ce qui offre un nouveau moyen d'ordonnancer le monde : d'une part, autour de cet objet, le coupable, et d'autre part, autour de soi ou de celui auquel on s'identifie, la victime. Cette restructuration de l'univers humain paraît s'universaliser et s'accélérer aujourd'hui.

Un phénomène qui touche les relations internationales

Pour combien de temps ? Comment envisager l'avenir ? Quels schémas risque-t-on de voir se développer ? L'analyse et l'action politiques y peuvent-elles quelque chose ? Là encore, l'Histoire, pour reprendre Shakespeare, « n'est-elle qu'un récit plein de bruit et de fureur raconté par un idiot ? ». Le monde aujourd'hui ressemble à un iceberg divaguant dont on ne pourrait ni diriger ni orienter la course afin d'éviter qu'il ne fracasse tout sur son passage. Au moins peut-on supposer que cette glace fondra avec le temps. Mais ce n'est pas toujours le cas des phénomènes de société lorsqu'ils s'inscrivent dans une logique qui atteint son ressort même, faisant jouer de surcroît celui de la culpabilité dont la psychanalyse a montré qu'elle est un des axes du fonctionnement de l'être humain. La prospective est bien souvent fausse car elle ne tient jamais compte du contingent. Comment peut-on cependant imaginer la suite ?

Avec la victimisation et aujourd'hui son héritage sur plusieurs générations, la guerre, qui, selon Clausewitz, est la continuation de la politique par d'autres moyens, se nourrit d'une cause nouvelle. Lorsque les Turcs écrasent les Serbes le 15 juin 1389 à la bataille du Kosovo, dite « du champ des Merles », et tuent toute la fine fleur de leur aristocratie, cette défaite entre dans la légende et, six siècles plus tard, alimente des cérémonies et commémorations exacerbant le nationalisme. À l'origine, cette guerre ne représentait rien de plus ni de moins que la lutte d'influence complexe que se livraient sur le terrain des puissances organisées. Dans cette région du monde, certaines ont réussi à prendre suffisamment le dessus, deux fois, ce qui a exposé ces territoires à des occupations historiques de durées inégales, génératrices de relative tranquillité. C'étaient là des guerres d'époque. Mais investir cette défaite de la bataille du champ des Merles au point d'en faire davantage que *La Chanson de Roland*, d'en tirer des chansons de deuil et de commémoration pour tout un peuple, relève d'autre chose. Sans doute d'une force extraordinaire de travail de mémoire dans la fascination de la mort. Cette fixation morbide sur la défaite est une façon de refuser le deuil. Nous savons que ce refus, voire ce déni, fait se perpétuer la haine, présente encore aujourd'hui, si bien qu'il est impossible de tourner la page comme les Français l'ont fait avec les Allemands, et les sudistes avec les nordistes aux États-Unis. À force de nous être entretués, nous avons fini par nous unir sur les tombes de nos ancêtres. Commémorer la défaite comme un point de ralliement communautaire ne génère rien de semblable. Quand Mladic s'écrie avant le massacre de Srebrenica : « Le jour de la revanche sur les Turcs est arrivé », il est clair que les Balkans aujourd'hui en portent encore les cicatrices[1].

La victimisation n'est sans doute pas complètement

étrangère à cette perception collective archaïque. Elle ne se formulait pas de la même manière jadis, mais il est probable qu'elle vient aujourd'hui surajouter un argument pour aggraver ce deuil impossible, tout en donnant une sorte de légitimité à la vengeance. Dans la situation complètement inextricable du Moyen-Orient, la victimisation des uns et des autres et sa perpétuation à travers les générations ne font qu'ancrer davantage ce conflit dans le cœur de chaque protagoniste, celui-ci portant les habits de la victime avant ceux du bourreau, selon les occasions. Depuis les années 80, tous les conflits se trouvent encore un peu plus compliqués par ce besoin de se présenter en victimes virtuelles venant au secours de victimes réelles. La rhétorique de présentation de la dernière guerre contre l'Irak en est un exemple saisissant. Les armes de destruction massive susceptibles de menacer les États-Unis et d'atteindre le Royaume-Uni en trois quarts d'heure n'existaient pas. Les victimes de Saddam Hussein existaient bien. Mais les effets de la guerre ne les ont finalement que peu aidées alors que la thèse victimaire avancée par les États-Unis et l'État britannique a facilité l'invasion. La lecture des guerres africaines selon un schéma victime/coupable ne rend pas toujours compte de grand-chose et l'approche humanitaire n'est parfois qu'une mise en scène pour venir au secours d'une partie plutôt que d'une autre ou au service des relations publiques d'une grande puissance[2].

Attribuer une étiquette de victime ou de coupable aux parties en cause dans un conflit a souvent hélas pour effet d'encourager la bonne conscience et de permettre d'échapper à la réflexion politique. En outre, la victimisation politique dépend de tant de facteurs contingents, et parfois quasiment de l'ordre de la communication, que l'éclairage porté sur telle région du monde dépend de sa proximité médiatique, ce qui n'est guère un critère de moralité. Un lointain pays africain aura moins de chances d'entrer dans ce système qu'une ancienne colonie française culturellement très proche. Selon qu'ils se trouvent en ex-URSS ou au Liban, les islamistes se verront accorder plus ou moins le statut de victime. Et si l'on pense à l'Algérie, la valeur des victimes de certains régimes apparaît bien fonction de l'Histoire et de la proximité. Mais de telles comparaisons rappellent irrésistiblement ces lieux communs : la valeur de l'arrestation de certains cambrioleurs serait diminuée par le fait qu'on ne les arrête pas tous. Pour autant, que ce mouvement de compassion soit sélectif ne disqualifie pas son utilité, même si, dans l'éclairage plus ou moins puissant de certains faits, on peut repérer la manipulation des uns par les autres. Mais comme l'a dit un jour Hubert Védrine, « dans la nuit, on ne peut voir que ce qui est éclairé par les réverbères ». Ajoutons que les éteindre tous ne fait pas progresser le sujet.

On trouve dans le compassionnel moderne, particulièrement sur le plan international politique, des éléments positifs qui ont été à l'origine de la création d'une justice pénale internationale, elle-même fondée sur un progrès de la sensibilité à l'égard des droits de l'homme. Nombre de diplomates compétents concèdent du bout des lèvres l'intérêt de ces mutations, et s'ils les soutiennent ostensiblement d'un côté, ils pestent contre elles en privé. Il y a déjà tant de problèmes à résoudre qu'il n'est pas nécessaire d'en ajouter d'autres, disent-ils, ainsi du moment et du choix des procureurs de poursuivre tel ou tel dirigeant suspecté de crime contre l'humanité. Pourquoi ceux-là et pas les autres ? Sans doute parce qu'on peut les attraper ! Et parce que cela ne pose pas trop de problèmes de les juger. Soit parce que le sort les a vaincus (Milosevic, en Serbie), soit parce qu'ils ne représentent plus rien (Taylor, au Liberia). Ce sont des coupables faciles. L'existence du mouvement des droits de l'homme heurte de front l'idée qu'il y aurait des victimes acceptables et d'autres qui ne le seraient pas. Comme si la répression des crimes contre l'humanité interdisait la guerre et la mort, alors qu'elle ne concerne que la pratique et les conditions de la guerre. L'idée qui fonde cette répression est que la menace de se faire arrêter, juger et condamner par la justice pénale internationale pourrait être un élément dissuasif susceptible d'entrer dans le calcul politique des individus de pouvoir. C'est évidemment un peu naïf : sur le plan interne, si la répression pénale dissuadait les petits et grands professionnels de la délinquance d'accomplir leurs forfaits, cela se saurait. Quant aux psychopathes, ils ne sont guère impressionnés mais, bien au contraire, confortés par les perspectives du procès public.

Les nécessités politiques peuvent fort bien passer d'abord avec leurs nuées de morts. De là à revenir au raisonnement maximaliste qui consiste à dire que, puisque la justice est inefficace, il n'y a qu'à s'en passer, il y a un pas. Si la justice pénale internationale est imparfaite, parfois médiocre, pas encore au point sur le plan procédural, souvent inadaptée, peu efficace, c'est tout de même mieux que rien. C'est toujours ainsi que commencent les grandes évolutions. Avant d'exécuter en ex-Yougoslavie, en 1995, huit mille hommes, adultes et adolescents, de sang-froid, après avoir distribué des bonbons aux enfants regroupés avec leurs mères menacées de viol, les responsables militaires peuvent réfléchir à deux fois en pensant à la prison de La Haye. C'est possible, et ce possible est suffisant. Peu importe que d'autres victimes existent ailleurs et que d'autres auteurs de massacres en réchappent. Quelques horreurs, peut-être, auront été évitées. Ce n'est pas parce que la justice pénale internationale n'est pas une panacée qu'elle ne sert à rien. Au contraire, c'est un des effets positifs du courant victimaire qui a commencé à se manifester dans les années 80, pour aboutir à la création du Tribunal pénal international (pour la Yougoslavie, TPY en 1993, pour le Rwanda, TPR en 1994) et de la Cour pénale internationale (CPI), en 1998*. Les deux premiers ayant été créés par le Conseil de sécurité de l'Onu, la dernière par une conférence mondiale à Rome et recevant l'accord de cent vingt pays. Mais il est clair que cette juridiction ne trouve pas sa source seulement dans le victimaire et qu'à se fonder uniquement sur cet élément capital, mais émotionnel, elle n'ira nulle part.

* Il faut ajouter le Tribunal spécial de Sierra Leone, tribunal mixte composé de juges nationaux et internationaux sur recommandation du Conseil de sécurité de l'Onu.

L'autre branche du tronc dont procède la justice pénale internationale est la perspective d'une sorte de gouvernance mondiale. Si l'on se réfère aux mouvements de l'Histoire, la justice a toujours été l'enjeu et le symptôme d'une progression para-étatique ou étatique. L'apparition d'une justice commune témoigne de l'apparition d'une organisation para-étatique. Le dernier exemple le plus frappant est celui de l'Europe, avec la Cour européenne de sauvegarde des droits de l'homme (CEDH) à Strasbourg pour le Conseil de l'Europe, et la Cour de justice des Communautés européennes (CJCE) de Luxembourg pour le Marché commun puis l'Union européenne. Ce dernier mouvement n'avait strictement rien à voir avec le compassionnel mais avec la construction d'un État fédéral ou d'un para-État. Si le même phénomène soutient durablement la Cour pénale internationale et la structure suffisamment, celle-ci est promise à un brillant avenir. Si, au contraire, l'émotionnel et le compassionnel prennent le pouvoir et si rien de solide ne se construit du côté de l'Onu, la Cour pénale internationale risque de ne pas survivre et d'être embarquée par le premier accident politique ou politico-judiciaire venu. Certes, la coalition de toutes les ONG des droits de l'homme, constituée pour soutenir la création de cette cour, a grandement facilité son apparition. Mais cette coalition, si elle n'est point appuyée sur l'embryon d'une organisation mondiale, ne sera pas suffisante. Il faut savoir que le fonctionnement de deux des juridictions internationales représente plus de 10 % du budget de l'Onu (TPI, TPY). C'est dire leur importance. Peut-être, par un effet paradoxal dont l'Histoire réserve les surprises, pourront-elles avoir un effet d'entraînement sur tout le reste. La Cour de justice de Luxembourg a ainsi représenté un appui considérable pour la construction européenne. L'évolution de la Cour pénale internationale sera un instrument de mesure intéressant de la capacité de l'Onu à se transformer et à se dynamiser.

Le principe de réalité et le courant victimaire

On ne peut pour autant établir un parallèle entre l'évolution victimaire sur le plan international et sur le plan intérieur. Car la communauté internationale n'est pas démocratique et reste dominée par le politique, de manière unilatérale, bilatérale ou multilatérale avec l'Onu. Non seulement elle donne le même poids à des pays de cent mille habitants et à d'autres de cent millions, mais elle a bâti le Conseil de sécurité juste après la guerre dans des circonstances historiques aujourd'hui datées. Les emballements victimaires sont plus limités que sur le plan interne et certains échecs comme celui de l'opération « Restore Hope » en Somalie en décembre 1992 ont entraîné une réflexion plus approfondie sur les moyens de porter secours à de vraies victimes d'une famine et d'une absence d'État. L'action internationale a pour atout, mais aussi pour inconvénient, d'être davantage confrontée au principe de réalité (et bien plus rapidement que l'action intérieure). Les multiples contraintes brident l'élan victimophile, qui par ailleurs peut se canaliser dans plusieurs types d'actions, pas seulement humanitaires. Lorsque Mario Bettati, professeur de droit international, conseiller notamment de Bernard Kouchner, publie en 1996 son œuvre monumentale, *Le Droit d'ingérence*[3], il décrit la réalité d'une période : « De 1988 à 1996, la diplomatie humanitaire a fait adopter un nombre considérable de textes aux Nations unies. Ils ont marqué les étapes d'une intervention de plus en plus fréquente des États et de l'organisation dans les conflits internes ou des situations d'urgence nationales. Le mot "humanitaire", lui-même absent du vocabulaire employé par le Conseil de sécurité avant les années 90, y figure désormais à chaque occasion, associé au principe de libre accès aux victimes. » Il se réfère notamment, comme symptôme de ce nouvel ordre mondial, aux accords de Dayton (qui mirent fin aux combats en Bosnie-Herzégovine), conclus « sous la pression d'une ingérence politique et militaire du 30 août 1995, approuvés par la communauté internationale et qui auraient été impossibles dix ans auparavant ». Et Mario Bettati de se féliciter que le principe de la souveraineté ne soit plus la « fortification inexpugnable des États ». Il est vrai que le nombre des résolutions adoptées par l'Assemblée générale de l'Onu et le Conseil de sécurité, consacrant ce principe du libre accès aux victimes, est impressionnant. De 1988 à 1996, on en compte plus de cent soixante, visant toutes les parties du monde secouées par les guerres et les catastrophes sanitaires. Cet aspect politique du moment s'est traduit, on vient de le voir, sur le plan judiciaire. La conjonction du politique et du victimaire a été la clé de ce succès de quinze ans appuyé par la progression du concept d'humanitaire, fondé lui-même sur la victimophilie, mais structuré par une forte évolution politique elle-même née, sans doute, d'une illusion : celle que ce monde pacifié évoluerait vers « une fin de l'Histoire », dont le point d'orguc fut la première guerre en Irak, provoquée par l'invasion du Koweit, le 2 août 1990.

Ce droit d'ingérence s'est appuyé sur l'espoir d'une paix désormais garantie par un accord général, non plus fondé sur les calculs anciens du type traité de Westphalie après la guerre de Trente Ans, ou traité de Versailles après celle de 14-18, mais sur le ciment de la compassion, suffisant pour générer une sorte d'ordre mondial. Son ombre ou son spectre en a animé ou effrayé beaucoup. En tout cas on ne peut évoquer cette perspective autrement que sous la forme d'un leurre. L'attentat du 11 septembre 2001, le fait que les États-Unis se passent de l'autorisation de l'Onu pour attaquer une deuxième fois l'Irak, au mépris du droit international, l'échec de la paix au Moyen-Orient, l'incapacité de trouver des accords Nord-Sud au sein de l'OMC, sans oublier mille nouvelles menaces, mettent un terme aux espoirs de la dernière décennie du XXe siècle. On avait cru voir naître un ordre nouveau, générateur de paix générale. On se retrouve avec la méchante impression d'être à nouveau dans l'« entre-deux-guerres ». Les États-Unis n'ont pas plus ratifié le traité de Rome créant la Cour pénale internationale qu'ils n'avaient ratifié le traité de Versailles. Les relations internationales semblent reparties vers une pratique impériale.

Mais le compassionnel persiste pour les grandes catastrophes naturelles. Celle du tsunami en Thaïlande a même montré que cette solidarité devenait absurde à force d'exagération et d'inadaptation. Que faire de trop d'argent ? Sans réflexion politique, sans organisation politique internationale permettant de dépasser l'émotionnel, le triomphe des victimes sur cette scène restera aléatoire, fragile, manipulable, éventuellement gâché. Soyons optimistes ! Nous avons vécu des années prototypes entre 1989 et 2001. Sisyphe doit pourtant remonter encore son rocher. Il commence à connaître le chemin. Sur celui-ci, quelques nouveautés quand même : des outils, à savoir les résolutions de l'Onu, la Finul, la Cour pénale internationale, on l'a dit, la juridiction universelle pratiquée par certains États pour réprimer chacun chez soi certains crimes contre l'humanité commis ailleurs, n'importe où sur la planète. Comment certains de ces instruments seront-ils mis en œuvre dans un contexte très différent du moment où ils ont été créés ? Les victimes des crimes contre l'humanité rassembleront-elles autant de suffrages et d'appui public que les victimes des catastrophes naturelles ? Comment seront manipulées les nouvelles institutions ? Tout cet édifice va-t-il rester debout ? Ce sont des questions auxquelles il n'y a guère de réponses assurées. À chaque secousse on a le sentiment que le monde a mûri et fait quelques pas sur lesquels il ne pourra revenir, et puis on tremble toujours devant le spectre d'une autre catastrophe.

Approcher le compassionnel dans les relations internationales n'est pas si éloigné de notre objet que le lecteur pourrait être tenté de le penser. Cela présente le mérite de porter un éclairage contrasté sur un sujet ambigu.

Oui, le compassionnel est un élément de progrès de l'effet démocratique. Oui, ce développement des sentiments et des émotions a contribué à faire accoucher d'une *Realpolitik* qui tient davantage compte des droits de l'homme. Mais, non, le compassionnel, en soi, ne résout rien s'il n'est pas canalisé et inspiré par une analyse politique. Et de surcroît, il peut générer des malheurs. Revenons sur le massacre de huit mille personnes à Srebrenica, enclave bosniaque en Serbie, à partir du 14 juillet 1995 : pour des raisons complexes dont l'une était qu'elles ne voulaient pas passer pour complices du « nettoyage ethnique » de l'enclave, les grandes puissances et l'Onu n'ont pas évacué les populations. Mais, dans le même temps, la posture humanitaire consistant à leur donner des assurances y a fait affluer davantage de réfugiés[4]. Posture en contradiction avec la réalité sèche qui est que, militairement et politiquement, il était hors de question de défendre Srebrenica contre les Serbes. Cette contradiction politique a abouti au massacre. En la circonstance, le compassionnel a été inopérant, incompatible avec les décisions politiques prises par ailleurs sur les enclaves et, paradoxalement, une des causes de cette catastrophe. Mais il fut aussi l'une des raisons de l'intervention américaine et européenne dans l'opération « Deliberate Force » le 31 août suivant, qui aboutit finalement aux accords de Dayton.

Un danger bien présent

Sur le plan interne, on retrouve cette ambiguïté, quoique beaucoup moins visible. D'abord, les avantages de la victimophilie sont moins frappants, du fait notamment d'un mouvement exactement inverse de celui qui s'est produit sur le plan international. À ce niveau, en effet, l'apparition de la force des victimes a été un élément moteur pour structurer une meilleure organisation internationale, prototype de ce qui pourrait un jour ressembler à une organisation para-étatique mondiale dont l'Onu est un embryon. Sur le plan intérieur, au contraire, c'est l'insuffisance de l'État qui est à l'origine de la multiplication des associations de défense des victimes et de leur prise de pouvoir devant les tribunaux. En 1981, Robert Badinter a pris conscience de la « maltraitance » qu'exerçait l'appareil judiciaire sur les victimes, faute de les prendre suffisamment en considération. Représentant l'État, le parquet est en principe celui qui exerce la demande de répression. Celle-ci, décidée par les juges du siège, devrait être suffisante pour réparer par le châtiment la douleur morale causée aux victimes du crime. Ce schéma traditionnel, illustré par le supplice public du criminel, est devenu insuffisant. Le dispositif mis en place à partir de 1906 et qui n'a cessé de se développer afin de réparer les dommages des victimes sur le plan matériel s'est trouvé tout d'un coup dépassé. L'État s'en est aperçu et a tenté de trouver des solutions par l'ouverture de la justice pénale à la multiplicité des associations qui doublent, triplent ou quadruplent le rôle du parquet. Cette situation est représentative d'une évolution de l'État français, une des démocraties les plus centralisées. Le phénomène y est plus frappant que dans d'autres pays à caractère fédéral. L'État ne peut plus tout faire, ne peut être responsable de tout, et le mouvement associatif, ici comme ailleurs, finit par participer à un phénomène de gouvernance. Mais alors que, sur le plan international, les ONG ont contribué à l'ébauche d'un nouvel ordre, sur le plan intérieur, la multiplication des associations de toute nature signe au contraire une certaine décomposition étatique et le contournement des grandes organisations traditionnelles, tels les syndicats. Peut-être s'agit-il d'un phénomène politique de fond correspondant à une évolution normale de la démocratie et même à une recomposition de l'ensemble para-étatique, ainsi que cela a commencé à se faire en Europe. Toujours est-il que ce mouvement général favorise grandement l'expression victimaire puisque tout préjudice ou tout dommage virtuel trouve par la voie associative le moyen de faire valoir une revendication.

Le principe de réalité

La seconde caractéristique du mouvement victimaire sur le plan interne est qu'il se trouve confronté à un principe de réalité complètement différent. Sur le plan international, vouloir sauver signifie se confronter à la mort, à la politique et aux armes qui tuent. Dans un cadre national, le plus souvent, il s'agit de drames privés. La mort est là aussi mais la compassion ne se confronte à aucune autre force. La toute-puissance des victimes et l'intérêt qu'elles suscitent dans le public occupent la scène. Bien souvent, les grands journaux télévisés de 20 heures ne donnent guère d'autres informations que celles concernant les faits divers du jour. Lors du tsunami du 27 décembre 2004 en Thaïlande, pendant dix jours, 85 % à 98 % de la durée des journaux télévisés ont été réservés à cette tragédie. L'information finit par se réduire au spectacle de crimes crapuleux, d'enfants abusés, d'accidents de la circulation ou de sinistres divers et variés, sans compter les inondations, la neige ou les canicules selon les saisons. Rien ne peut s'opposer à la demande du public de larmoyer, de se replier en maudissant l'injustice de la nature, la méchanceté des uns, et en plaignant le malheur des autres. Seul le faux peut freiner un temps cette déferlante, comme on l'a vu avec l'histoire de cette jeune femme soi-disant victime d'une agression antisémite dans le RER le 9 juillet 2004.

Un phénomène aux effets délétères

Mais pourquoi s'en préoccuper ? Après tout, il pourrait s'agir seulement d'un mouvement de société, irritant pour certains, intéressant pour les sociologues et amateurs de marottes sociales. Et pourtant. Malgré ses apports positifs, la face sombre du mouvement victimaire peut créer des conditions supplémentaires de conflit sur le plan international. Il en va de même sur le plan interne. Une guerre différente, civile ou larvée, une société de multiples comptoirs représentant des intérêts particuliers revendicatifs et générant des comportements irrationnels ne peuvent être que dangereuses.

L'exemple récent donné par le député UDF des Pyrénées-Atlantiques, Jean Lassalle, est annonciateur de ce type de danger. Un homme, député des Pyrénées-Atlantiques, se met en grève de la faim et prend en otage sa propre vie, le 7 mars 2006, afin d'empêcher l'usine Toyal de s'installer dans la localité de Lacq, alors qu'elle exerçait déjà ses activités dans le village d'Accous. Le 14 avril, après que le député a perdu vingt et un kilos, les dirigeants de la firme japonaise signent un accord avec le ministère de l'Intérieur, renonçant à s'installer à Lacq sur un terrain vendu par Total. Cette initiative est aberrante car il ne s'était jamais agi pour Toyal de déménager son usine d'Accous à Lacq, mais d'y installer une activité supplémentaire incompatible avec l'environnement d'Accous. Mais Jean Lassalle tombe bien dans le schéma de la victime obstinée, adversaire de la mondialisation, défenseur de sa vallée et petit député en guerre contre les manigances des grands. Ce sera la course aux applaudissements. François Bayrou le qualifie de résistant. MM. de Villepin et Sarkozy se font concurrence, là encore, pour dénouer la crise ; le président de la République lui-même va intervenir. José Bové y va de son soutien, en détaillant les avantages des jeûnes par rapport aux grèves de la faim. Les plus réservés, comme Jean-Louis Debré, Jean-Marc Ayrault ou Jean Arthuis, marchent sur des œufs et ne désapprouvent pas franchement ; ils ne veulent pas heurter cette déferlante. Les médias donnent l'artillerie avec des images frelatées sur la prétendue délocalisation qui n'en est pas une ou avec une présentation systématiquement défavorable de la position du groupe Toyal[5]. « Plus le député perdait du poids et plus les soutiens affluaient », note une journaliste[6]. Jusqu'à la signature des accords. Alors, par un effet de yo-yo désormais fréquent, les mêmes ont commencé à faire passer une information contraire : la grève de la faim du député Lassalle n'est pas une si bonne initiative que ça ; l'installation de l'usine supplémentaire de Toyal à Accous, par ailleurs, va coûter un argent fou aux collectivités publiques. La communauté de communes devra dépenser 2 millions d'euros pour aménager le terrain inadapté qu'elle doit céder gratuitement. Il faudra couvrir les 6 millions de surcoût, sans compter le casse-tête qui consiste à introduire une activité Seveso dans un endroit non prévu pour cela. « En préférant, à son rôle de législateur, celui de syndic de village, le berger d'Accous n'a fait que porter un coup supplémentaire à la solidarité collective au profit de la compassion anecdotique[7]. » Et l'ambassadeur du Japon de dire sobrement et avec un brin de mépris devant les compliments d'héroïsme faits au député des Pyrénées-Atlantiques : « Le samouraï, il ne fera pas la grève de la faim, il fera le hara-kiri[8]. » Cette affaire, qui a bouleversé la France pendant un mois, lui aura coûté beaucoup d'argent, de prestige et aboutira sans doute, tôt ou tard, à un déménagement complet de l'usine ailleurs que dans un pays devenu fou à cause de ses ressorts émotionnels, compassionnels et victimaires qui emportent tout sur leur passage. Cet incident tout à fait typique démontre bien la dangerosité de ce phénomène dans le champ politique et économique.

Elle se manifeste aussi dans d'autres secteurs. Par exemple, qui sait que la pénalisation de certains types d'accidents est absolument contraire à la sécurité ? Pratiquement personne. Il s'agit d'un effet pervers de la victimophilie qui, après chaque tragédie aéronautique par exemple, encourage la recherche de boucs émissaires, au prix de l'équilibre de la sécurité. Tout avion risque de s'écraser. C'est la loi du plus lourd que l'air. Mais en revanche, le développement du transport aérien de masse n'a été rendu possible que parce que des professionnels du transport ont mis en place un système de sécurité sur le plan national et, dès l'après-guerre, sur le plan international avec la Convention de Chicago. Ce système équilibré se fonde notamment sur ce qu'on appelle le « retour d'expérience », c'est-à-dire, pour simplifier, l'organisation de la « confession sans peine ». Tout incident sur un avion doit être rapporté, qu'il s'agisse d'un problème mécanique ou d'une erreur de pilotage. Grâce à ce « reporting », des échecs mineurs ont évité des catastrophes majeures. En tout cas, d'une manière telle que le trafic aérien est devenu le plus sûr de tous. Les États se sont mis d'accord sur des méthodes d'investigation lors des accidents, pour en trouver les causes et non point rechercher les fautes. Chaque État dispose d'un bureau d'enquête. Il est clair que les grands pays aéronautiques, France, États-Unis et Royaume-Uni, sont dans ce domaine les plus compétents et ils concourent à l'étude de tous les accidents d'avions dans le monde. Ce système a banni le péché de sa recherche et c'est ce qui le rend efficace. L'introduction du droit pénal dans cette activité, telle qu'elle est réclamée particulièrement en France, est dangereuse et stupide. Dangereuse, parce que toute recherche de la faute pénale a pour effet de freiner, voire de bloquer le retour d'expérience, ce qui est bien humain. Pourquoi irais-je raconter *urbi et orbi* mes erreurs, si c'est pour me faire ensuite condamner devant un tribunal correctionnel ? Le « N'avouez jamais » constituant l'une des bases de la défense pénale est en complète contradiction avec la sécurité fondée sur le « Toujours rapporter ». Stupide ensuite, car on a affaire à un système fondé sur la moralité et dont le fonctionnement est excellent. Introduire, dans ce système, pour satisfaire des victimes, le virus de la recherche du péché, c'est-à-dire de la faute pénale, mettre en concurrence le juge, poussé par les victimes, et les instruments d'investigation patiemment élaborés par les États depuis cinquante ans, est une erreur. D'autant plus que la compétence ne se trouve pas du côté des juges, non plus que de leurs experts qui ne sont pas omniscients, mais du côté des praticiens de la sécurité qui se contrôlent les uns les autres. Bien sûr, les victimes diront que personne n'est au-dessus des lois et qu'il n'existe aucun sanctuaire ou domaine particulier qui puisse échapper à la traque du pécheur. Sans doute n'existe-t-il pas d'extraterritorialité pour la justice et pour les victimes. Mais sans doute également faudra-t-il satisfaire autrement ce besoin de justice lorsqu'il se manifeste de manière inappropriée. L'intérêt des victimes peut aller à l'encontre de celui de la collectivité tout entière.

Pour qui est fait le procès

Prenons un autre exemple. Quel est l'intérêt d'un procès de criminel, pour la victime, pour l'accusé, pour la collectivité ? Ces intérêts sont-ils compatibles ? Ils devraient l'être, mais le sont de moins en moins dès lors que l'émotion submerge la représentation judiciaire. Un exemple poignant de cette contradiction fut porté à un niveau extraordinaire avec le procès d'Eichmann en 1961 à Jérusalem. Hannah Arendt en a rendu compte dans un livre remarquable, *Eichmann à Jérusalem. Rapport sur la banalité du mal.* Selon la thèse d'Hannah Arendt, qui fit scandale à l'époque, Eichmann n'était pas ce que la justice en avait dit, et cette appréciation décalée ne permettait pas de comprendre suffisamment le criminel, ce qui revenait à se priver de la connaissance des mécanismes réels du crime : « Il (Eichmann) n'était pas stupide. C'est la pure absence de pensée – ce qui n'est pas du tout la même chose que la stupidité – qui lui a permis de devenir un des plus grands criminels de son époque. Et si cela est "banal", et même comique, si avec la meilleure volonté du monde on ne parvient pas à découvrir en Eichmann la moindre profondeur diabolique ou démoniaque, on ne dit pas pour autant, loin de là, que cela est ordinaire. Il n'est certainement pas si courant que devant la mort et surtout au pied de l'échafaud, un homme soit capable de ne penser qu'à des phrases entendues toute sa vie aux enterrements et que ces "paroles" élevées lui voilent complètement la réalité de sa propre mort. Qu'on puisse à ce point être éloigné de la réalité, à ce point dénué de pensée, que cela puisse faire plus de mal que tous les mauvais instincts réunis qui sont peut-être inhérents à l'Homme – telle était effectivement la leçon qu'on pouvait apprendre à Jérusalem[9]. »

Par le caractère extrême et inédit de son sujet, cette affaire contient un enseignement qu'Hannah Arendt a eu raison de mettre en exergue : celui de la réalité du criminel. C'est de cette réalité que le procès doit traiter, à la fois parce qu'il s'agit de justice, donc de juger équitablement un homme, mais également de retrouver dans le théâtre judiciaire la représentation de la réalité qui fait enseignement. Si Arendt dit juste à propos d'Eichmann, la réalité du personnage est beaucoup plus importante à connaître pour comprendre le mal et lutter contre lui. Alors que se rallier à une idée facile, qui est la préférée des victimes, celle d'un homme démoniaque à la hauteur de ses crimes, est sans utilité. Dans ce procès, le premier rôle était dévolu aux victimes et non à l'accusé : c'était une première qui s'expliquait par la nature des faits incriminés. Pourtant, le procès était celui d'Eichmann. En principe, pour des raisons de justice, c'est-à-dire aussi d'utilité sociale. Or, en France, aujourd'hui, et dans d'autres pays, trop de procès au pénal sont faits d'abord pour les victimes et ensuite pour l'accusé. Sur le plan du fonctionnement social, c'est une erreur et un danger. Une erreur, parce qu'il s'agit d'une déviation de ce que le procès doit être pour l'accusé. Un danger, parce que faute de focaliser l'attention sur le véritable acteur, la société tout entière perd la compréhension du crime et rate une occasion de s'en prémunir.

11.

Un danger pour les victimes elles-mêmes

Faire prêter serment aux jurés de respecter les intérêts des accusés, mais tout autant ceux des victimes, est une nouveauté de l'an 2000, née du désir des parlementaires français de se gagner les suffrages de ces dernières*. Voilà bien une initiative déplacée, au sens propre du terme, puisque, on l'a vu, tant que le jugement n'est pas rendu, la partie civile au procès n'est pas encore « victime ». Laissons de côté cet aspect pourtant capital, toujours entaché de suspicion à l'égard des avocats des mauvaises causes, défenseurs des criminels, ce qui revient dans certains esprits à défendre le crime.

---

* Article 304 du Code de procédure pénale : « Vous jurez et promettez d'examiner avec l'attention la plus scrupuleuse les charges qui seront portées contre X, de ne trahir ni les intérêts de l'accusé, ni ceux de la société qui l'accuse, ni ceux de la victime. »

Quand le procès appartient aux victimes

Restons-en à l'intérêt des victimes. En quoi est-il servi par leur omniprésence sur une scène judiciaire qui n'a pas été conçue pour elles ? En quoi la reconstruction du procès les servirait ? D'abord, cette reconstruction a ses limites. Certes, on pourrait créer un espace particulier pour les victimes dans les salles d'audience comme cela fut envisagé par Nicole Guedj, éphémère secrétaire d'État aux Victimes du second gouvernement Raffarin. En pratique, c'est déjà fait. À Paris, en 1999, lors du procès Crozemarie dans l'affaire de l'Arc, une salle provisoire de huit cents places fut installée dans la salle des pas perdus du Palais de justice. Idem dans l'affaire dite « du Sentier ». À Colmar, en 2006, pour le procès du crash de l'Airbus A320 au mont Sainte-Odile, une salle de sept cent cinquante places fut construite à la Halle aux vins dans le parc des expositions, à cinq kilomètres de la ville, afin d'abriter les 386 parties civiles et leurs avocats, ainsi que les sept prévenus, les experts, etc. Si l'on continue dans cette voie, il faudra construire des salles d'audience de trois mille places pour le traitement pénal des catastrophes financières massives ou aériennes, avec des gros-porteurs. En effet, en France, le concept de victime s'étend à tous les ayants droit, c'est-à-dire la famille de la personne décédée dans un accident. Et, dans les affaires financières comme dans toutes les autres où de multiples personnes ont été lésées, ne serait-ce que de un euro, les parties civiles ont le droit d'assister personnellement au procès. Avec l'inflation pénale et victimaire, on risque dans vingt ans de ne plus se préoccuper de créer des salles d'audience où l'« espace victimes » sera prévu, mais de repérer les stades ni trop grands ni trop petits où des aménagements les moins coûteux possibles pourront permettre d'accueillir les parties civiles et les associations.

L'absurdité de cet aspect matériel permet de se rendre compte de la sottise intellectuelle du mouvement en cours. Cette « chose » matérielle signe une transformation complète du procès. De travail de représentation celui-ci devient spectacle total. On sait qu'une scène de théâtre immense, Bercy par exemple, ne convient qu'à un certain type de spectacle. Quel est le type de spectacle judiciaire qui se prépare ? Peut-être est-ce la fin du procès classique, ou du procès tout court, c'est-à-dire la fin d'un travail de représentation grâce au système symbolique du droit au profit d'un spectacle « réel » dans lequel, tel un trésor caché, la vérité serait arrachée aux accusés sous les yeux des victimes, parties prenantes et actrices elles-mêmes. Actrices non pas seulement en tant que témoins, ce qui les classe dans une autre catégorie ; non, actrices comme une sorte de chœur antique pour exprimer leurs malheurs personnels et collectifs. Avec cette différence que le chœur antique était moulé dans une représentation symbolique, celle de la cité, tandis que le chœur des victimes se constitue de l'addition de récits de vécus concrets, transformant la partie civile en une sorte de personnage télévisuel venu raconter son histoire, ses malheurs, susciter la compassion des juges et du public.

La question se pose alors de savoir si c'est bien l'intérêt de la victime elle-même. Dans de nombreux procès récents pour des catastrophes, on a pu voir défiler à la barre des centaines de malheureux ayant perdu un père, une mère, des frères et sœurs, des maris, des compagnons dans l'accident. Et venir exposer ou faire exploser leur intimité en public, comme si cette scène judiciaire dévoyée était la seule possible pour entendre de tels discours – bien qu'inappropriée. Encourager quelqu'un à effacer la différence entre le privé et le public revient à l'emmener dans une impasse. C'est sur cette distinction, notamment, que l'enfant se constitue pour devenir adulte. Or, en donnant l'illusion aux victimes que leur devoir est de venir immoler leur vie privée devant le tribunal, la justice donne, contrairement à sa mission, une occasion de souffrances supplémentaires que l'on voudrait trouver « thérapeutique ».

L'intérêt de la victime est de trouver une scène adaptée à chaque aspect de ses dommages, une scène où elle soit traitée à son avantage psychologique, moral et patrimonial. Le progrès ne réside pas dans la victimophilie, ni dans la victimolâtrie, ou l'exploitation politicienne du malheur des gens, mais dans une véritable défense des personnes ayant subi un dommage, par la division en plusieurs scènes correspondant chacune à un problème, sans que le traitement de chacun ne mette en cause la cohérence de l'ensemble. La finalité de la justice et du procès, la défense des droits de l'accusé ou du prévenu, la réparation du dommage constituent ce que l'on appelle aujourd'hui la « fonction restaurative » ou restauratrice dont il sera question plus loin.

Un besoin de nouveauté institutionnelle inaccessible

Si l'on se concentre sur la justice, il est indiscutable que l'ancien système, celui qui amenait le condamné au supplice, ne suffit plus aux victimes, et c'est tant mieux. Il a littéralement été subverti par des besoins nouveaux. Aucune réflexion de fond n'a été menée pour savoir si ces nouveaux besoins pouvaient être suffisamment satisfaits par le seul dévoiement de l'ancien système. En d'autres termes, comment passer d'un système sous-développé à un système moderne sans le reconstruire ? La question victimaire pose un problème politique majeur. Peut-on faire l'économie d'une véritable reconstruction de notre procédure pour traiter de nouveaux besoins ? Cette question rappelle le débat sur la sécurité sociale et les retraites dont aucune réforme durable et sérieuse n'a jamais pu voir le jour parce que les « droits acquis » ou les habitudes semblent irréversibles. Le principe de réalité prendra le dessus quand il n'y aura plus d'argent dans les caisses, que les retraites ne seront plus payées et que les remboursements mécaniques aux assurés sociaux seront diminués. Mais déjà en matière de dépense, on voit bien l'extrême difficulté à bouger quelque chose. En matière de justice, c'est bien pire puisque rien ne vient stimuler le désir de changement. Bien au contraire, le chant des politiques est toujours victimaire, au point que dans cette fausse affaire d'agression antisémite du 9 juillet 2004, citée plus haut, on a vu un ministre, un Premier ministre, un président de la République, partir en flèche pour soutenir la fausse victime, tandis que, dans l'opposition, on annonçait que « les loups sont dans Paris ».

La démocratie d'opinion rend toute réforme impossible. On l'a bien vu avec la loi du 10 juillet 2000. Parce que des maires et quelques préfets avaient été poursuivis dans les années 90, les députés, à l'écoute des préoccupations de la fonction publique, et les sénateurs, à l'écoute de celles des maires, ont voté un texte restreignant légèrement l'infraction d'homicide involontaire. Après des vicissitudes importantes dues à l'hostilité des associations de victimes, ce texte très modeste finit par être voté le 10 juillet 2000 grâce à l'astuce et à la ténacité du sénateur Pierre Fauchon. D'après les spécialistes[1], six ans après sa mise en application, ce texte est de peu d'effet tant les juges sont eux-mêmes soumis à la pression de l'opinion publique. C'est la société entière qui est atteinte dans tous ses rouages pour résister au changement.

Le traitement des victimes lui-même dépend en partie de la structure de la procédure pénale. Or, depuis 1945, une quinzaine de réformes ont été tentées sans jamais véritablement aboutir. Le scandale de l'affaire de Bruay-en-Artois (1972) n'a généré aucun changement. Pas plus celui de l'affaire Villemin (1984). Ni le scandale de l'affaire des médecins de Poitiers (1988) ni celui de l'affaire Roman-Gentil (1990). La loi du 15 juin 2000 votée par des députés, qui connaissaient le système pénal pour avoir été pris dans ses pinces, et prétendant restaurer le principe de la présomption d'innocence, n'a pas non plus empêché le scandale d'Outreau. Or ce scandale exemplaire et terrifiant a pour objet le passage du statut de coupable à celui de victime, après être passé de celui de citoyen innocent à celui de coupable. Quant aux enfants, leur statut de victime s'est trouvé renforcé par celui de coupable de mensonge. Cette affaire entre exactement dans le registre de l'extrême dangerosité de la machine médiatico-judiciaire, qui est particulièrement sensible et dévastatrice lorsqu'elle vient toucher la réalité pédophile dont l'époque a fait un repère victimaire principal du crime, malgré ou à cause de la difficulté à faire le tri entre le fantasme et la réalité.

Même les victimes de l'affaire d'Outreau

Cette affaire a justifié la création d'une commission parlementaire dont le travail fut excellent bien qu'il se soit conclu par des propositions assez modestes. Alors que le système a touché le fond, on n'est guère certain qu'il pourra se réformer, pas plus que le naufragé ne met fin à la navigation. Toute la France pourtant s'est passionnée pour cette affaire et, pour la première fois, dans leur circonscription, les députés ont tous été assaillis par des électeurs les pressant de faire des réformes. Mais l'audition du juge Burgaud témoignant de son aveuglement devant le drame qu'il avait vécu et ceux qu'il avait provoqués a eu un effet inverse de celui envisagé. Dès lors l'affaire était perdue. Devant l'évident défaut d'humanité de ce jeune homme seul, la réponse collective a été on ne peut plus simple : prenons des juges moins jeunes, et mettons-en plusieurs. Comme si les défauts inhérents à la voiture à cheval pouvaient être résolus par l'ajout de deux chevaux plus anciens. Les réformes de la justice sont toujours handicapées par cette illusion que le changement peut se faire avec du même, encore davantage de même. Sans aucun doute, par un retournement extraordinaire, le juge Burgaud a-t-il été vécu par le public comme si faible, si démuni, si désemparé, qu'il est devenu à son tour une victime, tandis que les parlementaires qui l'interrogeaient se montraient coupables de maltraitance. Comme quoi ce ressort infantile parvient à triompher de tout, y compris de ce qu'il produit de plus désastreux, en se remontant à l'endroit ou à l'envers en échangeant les rôles du faible et du fort, de la victime et du coupable, couple indissociable et recomposable à l'infini.

Le blocage législatif français

En réalité, en France, les réformes sont pratiquement impossibles, sauf à la marge, soit parce que personne n'a compris de quoi il s'agit, soit parce qu'elles sont dissimulées par les méthodes du cavalier législatif*, soit parce qu'elles

* En introduisant par surprise un morceau de texte dans un autre qui n'a aucun rapport avec lui.

sont votées en catimini un 31 décembre. Ce fut le cas récemment avec la réforme de la procédure civile du 31 décembre 2005 dont le projet envisagé depuis février 1996, soit neuf ans auparavant, fut l'objet de contestation sévère des professionnels concernés qui, partis en vacances, s'aperçurent à la mi-janvier que la messe était dite. Il s'agissait de mesures techniques très arides, sans le moindre intérêt pour le public. D'habitude les intérêts particuliers ou catégoriels disposent de « guetteurs » pour signaler aux professions ce qui se passe au Parlement ou au gouvernement, mais sans doute les guetteurs étaient-ils eux aussi en vacances. Ou, mieux encore, peut-être les avocats, les avoués et quelques syndicats de magistrats avaient-ils été mithridatisés ou semi-convaincus de la pertinence du décret de réforme pour finalement accepter ce petit coup de pouce sans protestation des états-majors. Le 28 décembre était une date utile pour dire au gros de la troupe qu'« on n'avait rien pu faire ».

Rien de tel pour tout ce qui intéresse le public car la dénonciation vient des membres du Parlement eux-mêmes à défaut de guetteurs efficaces. Lorsque surgit un sujet brûlant qui suscite le débat politique, le jeu de la majorité et de l'opposition suffit à mobiliser l'opinion publique et les corps intermédiaires associatifs ou syndicaux. Pis encore, en matière judiciaire, même quand la majorité et l'opposition sont d'accord, elles sont incapables d'imposer une réforme de structure tant les oppositions de la société civile représentées par les associations et les syndicats restent fortes s'il s'agit de transformer l'architecture du système. La loi du 15 juin 2000 sur la présomption d'innocence et les droits des victimes en est une preuve. Le rapport parlementaire sur l'affaire d'Outreau n'annonce rien de meilleur.

S'agissant des victimes, rien ne peut bouger par les moyens classiques de gouvernement. La question victimaire est si intimement liée à la démocratie d'opinion que son évolution est paralysée. Cette paralysie ne bloque que dans un seul sens, celui de la rationalisation, alors que la voie de l'inflation est grande ouverte. Les politiques considèrent, unanimes, que tout ce qui peut satisfaire les victimes est bon politiquement et « ne mange pas de pain ».

Devant cette situation, la tentation de baisser les bras paraît raisonnable. On ne peut demander à des politiques de ruiner leur carrière par des prises de position impopulaires alors qu'ils ne perçoivent pas le danger de ne pas réformer. Il faudrait un sens du sacrifice inconnu à ce jour pour agir autrement. D'autant plus que si la politique, au meilleur sens du terme, consiste à « rendre le nécessaire possible », lorsqu'il s'agit des victimes, on voit mal ce qui serait plus « nécessaire » que d'encourager ce mouvement compassionnel profondément démocratique alors qu'il n'existe rien de « possible » pour le canaliser ou l'entraver.

Vers un possible « retournement » ?

Un effet de yo-yo pourrait-il se produire dans ce mouvement apparemment sans fin ? L'inquiétude et l'exaspération de quelques-uns ne finiront-elles pas par être partagées par tous ? Un retournement est-il possible ? Le coût économique de dépenses exagérées, particulièrement aux États-Unis, au profit de victimes ne va-t-il pas tout à coup paraître insupportable là-bas et surtout dans des sociétés moins riches ? Peut-on envisager une réaction d'hostilité des juges aux demandes extravagantes de certaines victimes (par exemple, de recevoir leur indemnisation au noir, cela s'est vu) ? Ou bien devant des manifestations incompatibles avec la dignité de la justice comme on en a vu avec l'incendie de pneus devant le palais de justice (Bastia), la mise en place de mannequins représentant les quatre-vingt-sept victimes d'un accident d'avion devant l'entrée de la salle d'audience pour que les avocats de la défense soient filmés par la télévision dans des conditions outrageantes (Colmar)*, les injures publiques dans la presse locale adressées aux juges qui ne font pas exactement ce que veulent les victimes. Est-il normal de les voir soutenir des arguments aberrants pour qua-

* Une affaire dans laquelle le tribunal correctionnel a finalement rendu, le 7 novembre 2006, un jugement courageux de relaxe générale des six prévenus, poursuivis au terme d'une instruction qui aura duré quatorze années, depuis la catastrophe aérienne du mont Sainte-Odile. Mais le parquet et les parties civiles en ont fait appel.

lifier d'assassinat un effondrement de tribune ou la distribution de produits sanguins non chauffés ? Et devront-ils encore longtemps voir des « victimes » exiger réparation pour des préjudices non justifiés, et de manière générale essayer, souvent avec succès, d'exercer une dictature sur la conduite, l'instruction et le jugement des affaires pénales ?

Pour l'instant, peu de signes laissent présager un retournement. Les magistrats restent terrorisés à l'idée de se faire interpeller par les victimes dans les médias. Quand, le 4 juillet 2002, la chambre de l'instruction de Paris décide de mettre un terme à une troisième affaire du sang contaminé qui n'était guère raisonnable, on voit dans tous les journaux la photo de la présidente légendée d'attaques personnelles honteuses. Aucune voix ne vient s'élever pour soutenir les magistrats. Au contraire. Pourtant, un an plus tard, la Cour de cassation confirme l'arrêt et sa pertinence. Mais il faut une bonne dose d'héroïsme pour affronter médias et opinion dans le mauvais sens du poil. L'affaire d'Outreau a eu pour effet paradoxal d'accroître les craintes des juges qui se sont identifiés plus qu'on ne l'imagine à leur collègue. Rien n'est pire pour un juge (pour un avocat aussi) que de se voir retirer les gants isolants qui le protègent de la réalité judiciaire qu'il traite. La magistrature tout entière a été traumatisée de voir ce collègue comparaître devant les parlementaires. Et c'est cette mise en accusation du juge jugé qui a été retenue plus que sa cause*. La mise en

* Il n'est que de voir que le principal effet d'Outreau sur les magistrats a été de multiplier leurs adhésions à leurs syndicats (*Le Figaro*, 20 octobre 2006).

accusation par les médias, ou sa simple menace, suffit à générer une inquiétude susceptible de produire des comportements peu ordinaires. C'est ainsi qu'on a vu, en 2005, le procureur général de Paris arriver sans crier gare à la cour d'assises pour improviser une conférence de presse compassionnelle avant même l'acquittement des accusés dans l'affaire d'Outreau. Pourquoi ? Pour essayer de se faire bien voir par les médias et, là encore, pour ne pas être le dernier à compatir. Il est vrai que ce magistrat avait à se faire un peu pardonner pour avoir défendu avec beaucoup de fougue son jeune collègue Burgaud et l'avoir fait applaudir par les magistrats de Paris réunis en assemblée générale quelques mois plus tôt. On se souvient aussi du président de la chambre criminelle de la Cour de cassation descendant, voici douze ans, de son estrade pour expliquer aux médias l'arrêt qu'il venait de rendre, comme si c'était son métier de commenter ses propres arrêts. Il est vrai qu'il s'agissait d'une décision concernant encore l'affaire du sang contaminé à une période critique où le débat faisait rage sur l'« assassinat » qu'avait constitué la distribution de produits non chauffés. Dans des affaires récentes, on a vu des tribunaux nommer des magistrats chargés de la communication pendant le procès. Ils n'ont eu d'ailleurs que peu de travail car on voit mal ce qu'ils pouvaient dire de plus intéressant que les avocats des prévenus ou des victimes.

Le discours des juges sur ces sujets se veut rassurant. Il tient en ceci : ne confondons pas les grosses affaires exceptionnelles avec la justice quotidienne qui fonctionne bien, où les victimes sont raisonnables et les juges sereins. En fait, ce n'est pas parce que la plupart des affaires se déroulent « sans histoire » qu'elles se passent bien. La caractéristique des « grosses » affaires, on l'a vu dans l'affaire d'Outreau, est qu'on y trouve tous les mécanismes pathologiques présents dans les « petites », c'est-à-dire celles dont on ne parle pas. Pour faire la preuve par neuf de la sensibilité de la magistrature à l'opinion publique, il suffit de se reporter à la dernière grande vague d'augmentation du nombre de détenus en France, à la suite de l'épisode dit « du Chinois », un délinquant mis en liberté le 21 décembre 2000 par la chambre de l'instruction de Paris et qui tua, peu après sa sortie, plusieurs personnes dont deux policiers. Un drame assurément. Chacun oublie qu'il avait été mis en détention pour une affaire pour laquelle il avait été ensuite acquitté. Ceci n'excuse pas cela, mais explique la décision de mise en liberté. Le président de la chambre fut publiquement critiqué, y compris par le Premier ministre, Lionel Jospin, qui se félicita à la télévision de barrer sa carrière. Au cours des dix-huit mois qui suivirent, quinze mille détenus supplémentaires sont venus regarnir les prisons. Il est vrai que les policiers avaient organisé un système redoutable. Chaque fois qu'un juge ne faisait pas ce qu'ils voulaient, les médias, notamment la télévision, prévenus par eux, « allumaient » le juge. Après quelques semaines de ce traitement, les prisons se remplirent. Cela pour dire que les juges sont, dans l'ensemble, des gens comme les autres. Ni plus ni moins des héros.

La grande masse agit sous la pression de l'opinion publique et des médias. Jadis l'indépendance se définissait par rapport au pouvoir politique. Aujourd'hui, l'évolution de la démocratie transfère cette dépendance du côté de l'opinion. Et nous n'avons encore pas tout vu. La procédure et la loi sont telles que bientôt nous verrons des juges de l'application des peines cités directement devant le tribunal correctionnel pour avoir, selon les victimes, remis trop tôt en liberté l'auteur d'un crime ou d'un délit. Ou, mieux encore, des procureurs poursuivis dans les mêmes conditions pour avoir classé une affaire alors que le bénéficiaire du classement sans suite aurait commis ou allait commettre une infraction. L'imputation d'homicide involontaire est tellement large qu'elle pourra parfaitement concerner les activités des magistrats. Si l'on prolonge le discours ambiant et celui de Nicolas Sarkozy sur la responsabilité des magistrats, on y court tout droit. Elle est déjà mise en œuvre pour le pouvoir exécutif avec le renvoi devant les juridictions pénales de ministres, de fonctionnaires ou même de Premiers ministres. Comme, sous la pression des victimes, la séparation des pouvoirs n'existe pas pour le juge pénal, l'arroseur arrosé est pour demain. Nombre de magistrats le savent. Certains le redoutent et veulent l'éviter. Peut-être cette perspective entraînera-t-elle un mouvement de réaction, car on ne comprend jamais mieux les événements que lorsqu'on y est pris soi-même. Sinon, il y a peu à attendre des juges pour contrarier cette inflation victimaire, en dépit d'exemples isolés, qui nourrissent l'attente et l'espoir, et encouragent à travailler avec eux pour essayer de faire progresser raisonnablement le système.

Une évolution inéluctable vissée au cœur de la démocratie

Existe-t-il d'autres secteurs que le judiciaire ou le para-judiciaire, et d'autres vecteurs susceptibles d'apporter une réponse aux personnes qui ont subi un préjudice ?

Il y a peu à attendre du côté du législatif et de l'exécutif, dans la mesure où, pris comme le judiciaire dans une culture de plus en plus victimaire, ils tendent à nourrir encore davantage la machine afin d'en récolter un bénéfice politique. Il est pratiquement impossible d'isoler le phénomène victimaire du fonctionnement du reste de la démocratie au cœur de laquelle il est intégré aujourd'hui. Cette société ne se cassera pas nécessairement, elle pourra dépérir ou sursauter, peut-être se reprendre grâce à d'autres pays non atteints par le même syndrome, soit les trois quarts du monde.

Il n'est pas exclu cependant que des réactions imprévisibles finissent par se produire. Dans certains établissements scolaires aujourd'hui, « T'es victime, ou quoi ? » est une injure. Les plus jeunes ont l'art de bien saisir les lieux communs d'une société et parfois de les retourner. Le danger de cette réaction toujours possible tient au fait que l'ordre compassionnel est si imbriqué avec la démocratie qu'elle pourrait se trouver menacée par un tel renversement. Il est difficile de faire le tri dans une réaction révulsive. Le plus grand péril que court la démocratie, comme si elle était atteinte par une maladie auto-immune, est qu'elle finisse par générer un rejet à l'égard d'excès qui lui sont pourtant intrinsèques. C'est dire l'importance du travail que devrait fournir la société pour donner une réponse raisonnable à ceux qui ont subi un préjudice. Comme si on était parti de l'ectoplasme, pour passer au présent vivant, puis au prochain, puis au camarade, maintenant à la victime, et enfin au perdant qui pourra tranquillement tomber dans le broyeur social sans que personne ne bouge.

Au cœur du débat se trouve le concept de l'amour du prochain, produit il y a deux mille ans et venu s'ajouter dans notre culture à celui de la distinction entre l'esprit et la lettre de la loi. Cet amour du prochain relève aussi peu de l'ordre compassionnel que la charité du don de la pièce au mendiant. La division entre coupables et victimes ne rend aucun compte de la fraternité voulue par la démocratie. Et pourtant, on l'a vu, c'est bien la démocratie qui, dans ses développements, a produit cette société victimaire que nous connaissons aujourd'hui. Personne ne peut la changer par décret car le fonctionnement démocratique moderne a freiné le mode de gouvernement du haut vers le bas. Personne ne veut la changer car chacun sait que les droits de l'homme, la prise en considération d'autrui, de ses besoins engendrés par le malheur et la mort constituent malgré leur dévoiement fréquent la bonne direction. On ne peut pas jeter le bébé avec l'eau du bain. Cette déclinaison coupable/victime s'effectue à tous les niveaux de notre univers, du plan macrosocial, dans les relations internationales, au plan microsocial, celui de la simple constitution de partie civile devant un tribunal dans des conditions raisonnables ou déraisonnables. Comment rationaliser à la fois le regard et les pratiques ? Cela ne relève plus maintenant de l'œuvre législative mais de la pédagogie.

Une question de culture et d'éducation

À tous les niveaux de la société, c'est une question d'éducation. D'abord avec l'école. C'est entre dix et quatorze ans, dans la dernière ligne droite de la socialisation, que les fondements de la démocratie peuvent s'approcher, et parmi eux l'existence de la justice et du droit comme système de représentation. C'est au moment clé de l'accès à l'ordre symbolique du social que peuvent être semées quelques graines qui permettent à l'adulte de comprendre plus tard ce que peut lui procurer la justice ou non. Lorsque l'adulte découvre la justice en même temps que son traumatisme, il peut difficilement éviter d'en attendre désespérément qu'elle donne du sens à la catastrophe criminelle, naturelle ou accidentelle dont il est victime. Cette lacune éducative est particulièrement grave en France. Elle est à l'échelle de la modestie de la place qu'occupe l'institution judiciaire dans la République depuis sa naissance. C'est aussi la raison pour laquelle la France est une démocratie où, dans le drame, la victime demande tout à la justice alors qu'il ne s'agit que d'une scène parmi d'autres sur laquelle le citoyen peut obtenir la réparation ou l'apaisement nécessaires.

C'est aussi à l'école que l'apprentissage des relations

internationales devrait commencer. À voir l'enseignement de l'Histoire, on comprend mieux la tentation des enfants de s'échapper vers des systèmes binaires coupable/victime qui ont un sens alors que l'Histoire qu'on leur apprend n'en a aucun. D'autant plus que, pour l'adolescent, la tentation de s'identifier exclusivement à une communauté, la sienne s'il en a une, est elle-même souvent déterminée ou du moins entretenue par ce clivage. Mais, compte tenu des blocages de l'Éducation nationale, soulever cette question revient à formuler des vœux pieux. Depuis quarante ans, on s'efforce de transformer le très descriptif cours d'instruction civique (et sociale, aujourd'hui) en un enseignement essentiel et non d'appoint, couvrant ce que les Américains appellent les « problèmes de la démocratie ». Sans succès. Le mode d'emploi de la société à l'usage des enfants ressemble à l'annuaire des chemins de fer, avec des schémas des institutions, des fonctionnalités, des abstractions, enseignés par des professeurs qui eux-mêmes n'ont pas souvent réfléchi plus que ça à la société en dehors de leur spécialité. Dans l'état actuel, l'éducation ne permet pas aux plus jeunes de disposer d'une vision claire de ce que signifient en droit un coupable et une victime, aussi bien pour prendre du recul par rapport à la pertinence universelle du concept que pour la possibilité de vivre une situation traumatisante en toute indépendance d'esprit.

Restauration, réparation, rétribution

Alors, que reste-t-il ? Les psychologues, les psychanalystes, les juges, les avocats, le dernier carré de la justice et les victimes elles-mêmes. Il est vrai que, dans sa pratique, chacun peut se dépasser et tenter de montrer à son patient, son justiciable, son client traumatisé de la vie, le libre choix qui lui est offert dans la recherche de la réparation d'un préjudice. Et la bonne distance à conserver par rapport à son « affaire ». De quoi s'agit-il ? De cloisonner la question. Ne pas la transformer en boule informe mais savoir ce que chacun veut, et surtout peut, ou non, réparer. Car la réparation comporte deux branches, l'indemnisation et la restauration. L'indemnisation est simple, ou devrait l'être. Tout préjudice doit être réparé, qu'il s'agisse du résultat d'un crime, d'un délit volontaire, ou d'une catastrophe accidentelle ou naturelle. La restauration appartient au domaine psychologique et moral. Elle n'est pas obligatoire et la victime peut avoir intérêt à ne pas s'y engager.

La première tâche des praticiens consiste à distinguer ces deux voies et à laisser choisir l'intéressé en lui montrant les avantages et les inconvénients d'un « abandon de sens immédiat ». Après tout, certains sont capables de vivre le décès brutal d'un proche de la même manière, qu'il s'agisse d'un accident de la route, de la chute d'un platane par grand vent ou d'un crime. Ce n'est ni une bonne ni une mauvaise voie. C'est celle d'un homme ou d'une femme, dans son rapport singulier avec la mort, et dont il n'a de compte à rendre à personne. Certains font un autre choix.

Le concept de justice restauratrice est né aux États-Unis dans les années 80 (encore !). Il s'inspire des pratiques sociales des Indiens d'Amérique du Nord, de coutumes africaines et de celles des Maoris qui, en Nouvelle-Zélande, constituaient dans ces années-là 10 % de la population et 50 % des détenus. La tradition maori permettait de traiter autrement la délinquance en impliquant la famille et l'entourage dans le traitement de l'infraction et de ses conséquences. Introduit en 1989 dans la législation, à titre de test, ce système est aujourd'hui devenu la norme pour la délinquance des mineurs, le tribunal n'étant plus saisi. Ce fut un succès complet, au point que l'Australie l'a adopté en 1993. Le but est de résoudre le conflit en confrontant auteur et victime du préjudice en présence de la police, des services sociaux, des parents, des amis. Ce programme peut intervenir sans tribunal ou après sa décision. D'autres programmes ont été inventés au Canada et aux États-Unis avec des nuances dans les modalités et une orientation plus ou moins prononcée vers la médiation. Ainsi, en France, trente mille médiations environ sont pratiquées par an sous l'autorité du procureur de la République pour les deux tiers[2], et pour le tiers restant dans un cadre associatif par des médiateurs formés à cette discipline. Il est vrai que, chez nous, la médiation touche majoritairement (72 %) des acteurs qui se connaissent.

À la base, cette justice restauratrice s'oppose à la justice pénale traditionnelle en considérant que la scène judiciaire n'est pas la bonne. On apaise la victime par des réparations contractuellement décidées. Une autre scène est nécessaire où la sanction pénale n'est pas à l'ordre du jour.

Cette justice restauratrice s'oppose à la justice rétributive qui, grâce à la punition infligée par l'État, devrait suffire à satisfaire la victime. Comme elle ne suffit plus, il faut faire davantage. C'est pourquoi s'est mise en place la médiation inspirée des sociétés préétatiques dites « primitives », Indiens, Maoris, tribus africaines, ce qui montre s'il en était besoin le degré de profondeur de la crise de l'État*. Dans la réalité, la place de la victime devient prééminente dans ce triangle ; aux deux autres angles, se trouvent l'offenseur et l'État devenu simple communauté qui doit continuer à fonctionner sans turbulence ni danger grâce à ce système. Le pouvoir de la loi passe alors au second plan. Le problème que pose la médiation est qu'elle ne fournit plus de repères préalables et structurants, mais une série d'arrangements.

La limite de l'exercice est celle des crimes, et en France des grands accidents qui, à la différence de la plupart des autres démocraties, constituent des délits pénaux. Que dire à celui qui a perdu un proche dans un accident ? Quelle méthode restauratrice envisager ? S'agissant des homicides, quelle méthode employer qui puisse satisfaire le frère, le

* Mais c'est aussi la méthode utilisée en Afrique du Sud, après la fin de l'apartheid, pour pacifier toute la société avec les commissions « Vérité et réconciliation » (South African Truth and Reconciliation Commission).

conjoint, les parents du défunt ? « Méfiantes, en colère ou trop souffrantes, elles refusaient tout geste de réconciliation ou tout rapprochement avec leur agresseur ou celui qui les avaient privées de l'être aimé[3]. » Quel que soit son sort, l'intérêt de la justice restauratrice est de mettre en avant l'existence d'une autre scène que la scène judiciaire pour entendre les victimes. Et cette adjonction est plus facile dans les pays qui ne connaissent pas le concept de la partie civile. Mais, même chez nous, elle pourrait permettre de relâcher la pression des victimes sur la justice, pression d'autant plus intense que celle-ci ne peut donner plus que ce qu'elle a, à savoir des sanctions toujours sans échelle avec le malheur subi et des dommages et intérêts s'ils n'ont pas été réglés antérieurement.

Une double scène

La justice restauratrice encourage la médiation. Mais, s'agissant d'un crime, on voit mal de quelle médiation il s'agirait. L'idée serait de permettre aux proches de la victime disparue ou à la victime survivante de voir à la demande l'auteur de l'infraction après le jugement dans des conditions d'encadrement appropriées, pour l'entendre et lui dire ce qui n'a pu être dit et entendu avant le jugement. Ce serait un moyen de retrouver une parole plus authentique détachée de l'hypothétique recherche de la preuve et de la vérité. Mais le système français, qui fait de la victime partie civile l'acteur principal au procès criminel, ne favorise guère ce type de procédure.

Il en va de même dans les affaires d'accident collectif, par exemple aérien. Aux États-Unis, depuis vingt-cinq ans, il n'existe pratiquement pas de poursuites pénales à l'occasion de ces accidents. En revanche, les victimes ont accès aux audiences publiques tenues par le NTSB, l'organisme d'enquête accidents qui ne recherche pas la faute mais les causes de l'accident. Et les proches des victimes assistant aux débats, aux auditions de témoins et des spécialistes, peuvent apprendre ce qui s'est passé. Les avocats ne posent pas de questions, ou très rarement. Une fois l'enquête terminée (et dans 90 % des cas, on parvient à trouver la cause de l'accident), les avocats représentant les victimes, les constructeurs et les compagnies aériennes se réunissent et examinent les responsabilités. La plupart du temps, ils se mettent d'accord, et, même sur le plan civil, ne font pas de procès. Les victimes sont indemnisées rapidement, souvent par un fonds créé avec l'ensemble des assureurs des diverses parties prenantes, quitte, à l'issue des débats sur les responsabilités, à se redistribuer les coûts des indemnisations entre assureurs selon une grille qui ne se trouve découverte qu'après la fin de l'enquête administrative. En cas d'échec, c'est le tribunal civil qui statue, et le fait que sa main soit très lourde incite les avocats des éventuels responsables à transiger.

On pourrait imaginer un tel système en France. Nous avons déjà le BEA, Bureau enquêtes accidents, homologue du NTSB américain. Nous possédons aussi des tribunaux civils très compétents qui pourraient jouer le même rôle qu'aux États-Unis, à condition d'utiliser le Code de procédure civile. Mais voilà, la recherche du péché et son scintillement vanté par des avocats en recherche de revenus et de publicité organisent les choses différemment. On ne dira jamais assez de mal de ces mercenaires de la démagogie que sont certains avocats qui n'ont pas choisi de défendre mais d'accuser. À leur décharge, ils diront qu'ils ne font qu'utiliser la loi et que la défense, même celle de l'accusation, peut toujours être considérée comme celle de la personne, qu'elle soit accusée ou partie civile. Certes, mais dans certains grands sinistres ou crimes, on s'effraie de voir apparaître une catégorie de professionnels qui, justement à la différence d'autres, n'exposent pas aux victimes un libre choix de vie, à savoir entrer dans la spirale de la recherche du péché ou séparer la réparation de la restauration.

La constitution de partie civile et le premier rôle des victimes dans le procès génèrent l'illusion que la scène judiciaire est la scène restauratrice, alors que justement elle ne l'est pas. Où est l'intérêt des victimes entre la situation américaine où les causes du sinistre sont rapidement trouvées par les spécialistes et la situation française où les victimes sont invitées à assister des années après l'accident à un procès pénal dans le but de faire condamner quelques hommes à un an de prison avec sursis ? Est-ce vraiment raisonnable de discuter devant un tribunal de la pratique réglementaire de l'administration à l'égard de certains équipements d'avion ? Ou de l'ergonomie de la cabine de pilotage d'un avion ? En quoi consiste ce scintillement qui attire les victimes comme autant de papillons qui viennent se brûler à la lanterne judiciaire ? Quelle est la cause de ce laisser-faire de l'appareil judiciaire qu'on retrouve dans la plupart des affaires de crime ou de délit ? Un mirage, celui de la découverte du péché qui donnera du sens au deuil, une manière atroce de continuer à parler aux morts. Un détournement du rite. La procédure judiciaire pénale à la recherche de la faute vient se substituer au devoir d'enterrer le défunt. Elle constitue une sorte de cérémonie d'obsèques sans fin, durant des années, qui martyrise les vivants par la culpabilité de ne pas en avoir fait assez pour découvrir le péché et le diable qui en est l'instrument. Avec à l'arrivée, des relaxes ou des condamnations avec sursis. Comme le proclamait une association de victimes : « Les victimes n'ont pas eu de sursis, elles ! », « Les victimes ont déjà voté à l'unanimité qu'ils sont coupables ». Voilà où nous en sommes en France en 2006.

Il ne faut pas oublier non plus le mythe de l'égalité : tous égaux, tous victimes, certes, mais aussi tous égaux, tous prévenus, quels que soient l'activité, le type de responsabilité, le type d'infraction. Périodiquement, les conditions de garde à vue sont dénoncées pour leur brutalité, leur crasse, leur inconfort, les pressions qui s'y exercent. À ceux qui protestent la réponse est la suivante : « Les pauvres y passent bien, il faut que les bourgeois y passent aussi ! » À cet argument pourrait être objecté : « Peut-être qu'au lieu d'esquinter les bourgeois parce que les prolétaires le sont, mieux vaudrait n'esquinter personne. » C'est l'égalité par le bas. En France, les cambrioleurs étant condamnés, la vulgate considère que les hauts fonctionnaires doivent l'être aussi, sous prétexte qu'ils ont commis des fautes. Certes. Et la vulgate poursuit : « Personne n'est au-dessus des lois. » D'où le débat qui fait rage sur la responsabilité pénale du président de la République. Mais alors qu'on peut s'interroger sur les inconvénients pour un chef d'État d'être constamment harcelé pendant son mandat par des victimes réelles ou imaginaires* ou par des opposants, on peut se demander si l'égalité de la situation infractionnelle est la même entre un cambrioleur et un préfet à qui, trente ans après, on reproche d'avoir dirigé une administration ayant délivré un permis de construire sur une zone qui s'est révélée inondable. Ou un maire qui a accepté des permis de construire dans un couloir à avalanches qui ne s'est révélé qu'après le sinistre. Est-ce que le constructeur d'un avion ou les administrations aéronautiques d'un État doivent être soumis au même procès que ce cambrioleur ? La pratique française de l'égalité consiste bien à toujours tout tirer vers le bas. Alors que la sortie par le haut est la suivante : qu'est-ce qu'une infraction pénale ? Personne n'est au-dessus des lois ? Mais de quelles lois ? Leur application égalitaire peut aller de la plus grande légitimité à la plus grande imbécillité, selon ce qu'elles disent. Et les magistrats ne sont pas obligés de les interpréter trop sou-

---

* Voir l'affaire Bill Clinton/Paula Jones qui a stupidement ravagé la vie politique américaine. Et encore, il ne s'agissait que d'une affaire civile, la dame se plaignant du comportement libidinal du président avant qu'il ne soit élu.

vent dans le sens de la descente. Enfin, en 2000, le législateur français a tenté de redéfinir la loi sur les infractions involontaires (comme on l'a évoqué plus haut) en exigeant des critères plus rigoureux pour les définir. Sans grand succès.

« Petites » et « grosses » affaires

Des milliers d'affaires dont on ne parle pas génèrent des traumatismes aussi lourds que celles dont on parle. Le scintillement de la recherche du péché aveugle des milliers de justiciables qui s'engouffrent dans la voie pénale à la suite de la disparition d'un proche. Et qui, pis encore, se retrouvent à l'audience publique deux ou trois ans après, une affaire parmi d'autres entre quelques vols à l'arraché et petites escroqueries. Trois petits quarts d'heure si une instruction préalable a été menée, deux petites heures trente si ce n'est pas le cas. Et, malgré les efforts des juges, l'impression d'une sorte de gâchis. Que le prévenu soit condamné ou relaxé, c'est aussi tragique. Comme un enterrement si long et si pitoyable qu'il ne leur reste plus qu'à assimiler ce second malheur qui vient renforcer le premier. Le moins qu'on puisse dire est que dans ces milliers de cas, la pratique de la justice restauratrice serait bien préférable à la voie pénale. Mais voilà, le scintillement de la fausse lanterne attirera les naufragés tant que la procédure restera ce qu'elle est.

L'espoir représenté par les associations

Avec la judiciarisation des grands sinistres et les actions terroristes, de nombreuses associations se sont créées regroupant les victimes de ces drames. Elles ont marqué le passage d'une situation à une autre où l'État a été mis devant l'évidence qu'il n'était pas capable d'assumer les tâches que les victimes lui demandaient. Les débats menés par ces associations furent d'ailleurs homériques. On pense à SOS Attentats et au rôle de sa fondatrice, Françoise Rudetzki, blessée lors de l'attentat du Grand-Véfour en 1983. Cette association a souvent entretenu des polémiques avec l'État, considérant que les intérêts de ses membres ne se conciliaient pas toujours avec ceux de la diplomatie française. Les associations ont elles-mêmes dirigé les discussions avec la Libye pour les indemnisations des disparus dans l'attentat du DC10 au-dessus du Sahara. Et les indemnités acceptées par l'État français n'ayant aucun rapport d'échelle avec celles obtenues par les Américains, les tensions furent rudes. L'association Écho, née après la catastrophe du mont Sainte-Odile et conseillée avec un dévouement inlassable par Gérard Ney, un avocat de l'est de la France aujourd'hui disparu, essaie de se manifester maintenant dans d'autres sinistres avec ses équipes de juristes et de techniciens. Elle devient une sorte de parquet bis. À Toulouse, après l'explosion de l'usine AZF, le ministère de la Justice a créé un comité de suivi des victimes dont font partie toutes les associations de victimes, le barreau de Toulouse, le procureur, le président du tribunal, les assureurs, sous la présidence du magistrat à la tête du bureau des victimes à la Chancellerie. Ce comité a créé l'autre scène pour les indemnisations. Environ deux milliards d'euros ont été réglés ou sont sur le point de l'être par la voie du « règlement alternatif des conflits » : pas de procès, mais un arrangement négocié avec l'appui des associations. Ce qui n'empêche pas certaines d'entre elles d'être parties civiles au procès pénal.

Aux États-Unis, les avocats jouent aussi aux côtés de certaines associations ce rôle de fédérateurs des intérêts de leur client en disposant eux-mêmes d'équipes techniques ou en étant très formés techniquement. Il est vrai que les honoraires représentant environ 35 % du résultat leur permettent de disposer de ces compétences. En France, pays très en retard juridiquement, ce sont plutôt les associations et souvent des avocats, militants quoique rémunérés, qui structurent le débat, la situation se « normalisant » ou se « laïcisant » progressivement avec les exigences économiques des cabinets.

Compte tenu de l'impossibilité d'effectuer quelque réforme que ce soit par la voie législative, mieux vaut traiter la réalité à partir de ce qu'elle est. Si l'association est la voie française, utilisons-la et essayons de convaincre ces structures de l'intérêt de l'« autre scène » et de la possibilité qui devrait être offerte à chacun de choisir la voie judiciaire ou une voie alternative, la réparation et la restauration, sans précipitation dans la recherche du péché. Ce n'est sans doute pas encore mûr car, pour exister, les associations ont été obligées de s'opposer à l'État d'abord, dans certains cas, aux « responsables » aussi. Donc leur naissance a coïncidé avec les beaux jours de la démagogie flamboyante et victimaire dont elles ont souvent été les promotrices. La concurrence entre certaines associations de défense de l'enfance dont on a vu le rôle discutable au procès d'Outreau se traduit par des surenchères allant dans le sens inverse d'une maturation.

Mais que faire d'autre, hormis, pour chaque professionnel concerné dans son exercice concret, accomplir un travail individuel afin de faire évoluer les pratiques dans l'intérêt général des « coupables » et des « victimes » ? Rien. La voie est donc claire. La société civile évoluera par elle-même, peut-être avec l'expérience — et le mouvement associatif est un élément capital de cette nouvelle gouvernance. Il est vraisemblable, en tout cas il faut l'espérer, que comme tout groupe humain qui se fédère, les associations produiront des cadres et des dirigeants prenant en compte leurs intérêts différemment en exerçant une fonction politique, au sens premier du terme. Il est intéressant de noter que la Fédération nationale des victimes d'accidents collectifs (Fenvac), qui regroupe une quarantaine d'associations créées à l'occasion de catastrophes naturelles, industrielles ou de transport, développe aujourd'hui une politique discrète de relations très fertiles avec de grands groupes industriels afin d'échanger des informations, de mieux connaître leur fonctionnement, et d'émettre des suggestions afin d'informer leurs adhérents. Tout ce qui aura pour but d'inscrire dans la réalité les associations recueillant les personnes traumatisées ne peut que produire un bon résultat et faire évoluer les mentalités vers moins de manichéisme et plus d'intelligence. Les associations humanitaires attirent de plus en plus de jeunes gens très brillants, poussés par les plus grandes écoles françaises ou américaines. Ils choisissent de se dévouer à la cause des victimes comme s'il s'agissait du dernier refuge pour un désir de militantisme impossible à satisfaire autrement. « Je sais désormais pourquoi je me bats, explique un ancien X-Ponts-Stanford qui travaille désormais pour Emmaüs. J'ai le sentiment d'être dans le vrai [4]. » Le recrutement de belles intelligences ne peut qu'avoir un effet positif sur l'évolution de tous les mouvements humanitaires vers un plus grand professionnalisme et une meilleure inscription dans la société. On pourrait craindre que les sociétés d'assurances ne soient pas favorables à l'évolution judiciaire puisque, en réalité, dans le système français, tout le monde est d'accord pour indemniser médiocrement les victimes en échange de la mise en œuvre de la recherche du péché ou de l'entretien de l'illusion que la scène judiciaire serait la bonne scène restauratrice où la victime pourrait s'exprimer. Mais c'est sans compter avec le fait que l'assurance, étant un secteur clé très puissant, regroupe de grandes intelligences capables de faire évoluer le système.

Si l'on étend cette perspective à l'ensemble de la société et aux victimes qui ne sont pas des justiciables mais des « souffrants », chacun est pris de vertige*. Depuis que la

* En octobre 2006, on a vu se créer une association des passagers d'un vol Djerba-Paris qui avait dû faire demi-tour à la suite d'un

Shoah est devenue le génocide de référence, le mot « génocide » est convoité pour définir tous les crimes de masse. Les atrocités se doivent d'être comparées à celles que les juifs ont subies. D'où l'apparition d'un mouvement politique, voire associatif, encourageant ce que Frédéric Worms appelle la « reconnaissance-négation[5] » des hommes les uns par les autres. Cette situation dont on voit plusieurs exemples récents a pour effet de définir une communauté par le passé, ce qui revient à faire dépendre son avenir de ce passé puisque c'est l'identifiant. On se souvient de l'affaire serbe de la bataille du champ des Merles en 1389 dont on a parlé plus haut, et de son utilisation dans des crimes collectifs en 1995.

Le courant victimaire qui se nourrit de la difficulté, voire de l'impossibilité de trouver du sens à la vie et à la mort favorise toutes les identifications et reconnaissances négatives mutuelles qui vont du microsocial au macrosocial. L'encouragement à l'apparition de multiples bulles revendicatrices, forcément concurrentes, surdéterminées par une expérience douloureuse personnelle ou, pis, un traumatisme des ancêtres, semble bien être une composante de nos sociétés de demain. L'État-nation tel qu'on le connaît en France est progressivement déchiré par cette évolution qui traduit une crise intrinsèque car il n'est plus suffisant pour assurer ses fonctions traditionnelles. Il devient une sorte de fédération d'intérêts particuliers. La Constitution

problème technique ayant justifié la chute des masques à oxygène. Ils ont demandé par référé la réparation de leur « préjudice d'angoisse ».

européenne tentait de constituer un ensemble pouvant générer une ambition structurante d'exercice collectif du pouvoir et de la puissance à la taille suffisante. Les victimes virtuelles du plombier polonais l'ont tué.

Conclusion

Tout le monde a sa part de malheur. Devant la mort, nous sommes aussi tous égaux, il n'y a pas de privilégiés. Elle est là, quelle que soit sa cause, et comme les hommes et les femmes de cette planète, nous la côtoyons. Mort des anciens, mort d'enfant, mort accidentelle, singulière ou collective, mort de longue maladie. Notre pratique nous conduit aussi à connaître d'autres malheurs et, chacun dans notre spécialité, à intervenir pour les rendre moins insupportables. Aussi les réflexions que nous avons menées dans ce livre n'ont-elles d'autre but que de servir. Servir à ceux qui, dans la détresse d'un deuil ou d'un traumatisme, se voient tout à coup pris dans une sorte de maelström qui peut altérer leur libre arbitre et aggraver leur malheur. La priorité, chacun le comprend, consiste à garder dans son intimité ce qui est privé, et à ne concéder au public que le minimum de ce qui est de l'ordre citoyen. La victime d'une tentative d'homicide, par exemple, peut considérer qu'elle a deux devoirs : l'un par rapport à elle-même consiste à y survivre et à obtenir réparation ; l'autre par rapport à la société qui, par ce crime, a subi aussi un grave désordre mettant en cause la collectivité tout entière. Ces devoirs sont aussi des droits.

Certes l'époque a fait disparaître tous les signes extérieurs du deuil et il n'existe plus de rites collectifs et familiaux permettant de n'être pas seul devant le corps du défunt, puis devant le vide créé par la mort. Pas plus d'accompagnement d'ailleurs qu'à la naissance où la mère a tôt fait de se retrouver toute seule face à un nouveau-né pour lequel on lui a fourni un mode d'emploi comme s'il s'agissait d'un appareil. L'absence d'accompagnement proposé par la société moderne pour les deux extrémités de la vie est source d'énormes difficultés qu'il vaudrait mieux éviter de résoudre en en créant d'autres. Dans la réalité, ce sont les associations qui viennent pallier la défaillance du fonctionnement social. Ce sont les psys et les avocats, souvent eux-mêmes choisis par les associations, qui donnent les premiers secours. Avec cet inconvénient que l'appareillage social qui se déploie à cette occasion regroupe généralement d'autres victimes et que cette spécialisation de l'accompagnement peut être source de souffrance et susciter un enfermement là où il faudrait plutôt aider à prendre du recul.

Mais c'est ainsi. Cette recherche effrénée du statut de victime, l'exploitation politique et médiatique de cette nouvelle position sociale ne servent pas vraiment les personnes qui ont subi des préjudices qui doivent être réparés. Elles enferment. Elles ne servent pas non plus la société. Mais parce qu'elle est en retard, en tout cas en France, sur le chapitre de la réparation, la société a favorisé ce mouvement. Si ceux qui ont souffert de la terrible affaire du sang contaminé avaient été aussitôt mieux considérés, mieux et plus rapidement indemnisés, la France n'aurait pas connu cette flambée judiciaire de plus de dix ans dont les résultats sont plus que discutables et peut-être dévastateurs. Allons-nous recommencer avec l'affaire de l'amiante déjà qualifiée d'affaire de l'« air contaminé [1] » ?

La victime, au sens moderne, apparaît lorsqu'il y a confusion des genres entre l'intime et le social. Elle devient alors une « institution » soumise à toutes les exploitations et à tous les dangers nés de la disparition de la frontière entre le privé et le public. L'institution victimaire, comme on la connaît aujourd'hui, interpelle la société et peut l'obliger à changer pour éviter le renouvellement du trouble qui a causé le préjudice. Cette fonction régulatrice de la victime dans l'exercice de son devoir et de ses droits de citoyen est positive jusqu'à un certain point. Mais chacun peut comprendre que, si cette force politique de la victime prend le pouvoir, elle se retournera contre les victimes et contre la collectivité tout entière. Pourquoi ? Parce que l'intervention politique et sociale de la victime est déséquilibrée. La force que lui donne la puissance de l'émotion n'est plus guidée par des objectifs rationnels. Et son investissement médiatique et collectif vient ruiner le devoir qu'elle a de se réparer parce que la publicité qui accompagne cette action est incompatible avec la reconstitution de son intimité.

Transposé sur le plan international, cela signifie qu'une politique fondée seulement sur les victimes n'est ni durable ni viable, et ensuite, à long terme, peu compatible avec la protection efficace des personnes que l'on souhaite précisément protéger. L'enjeu de cet équilibre entre l'individuel et le collectif, entre l'émotion et la raison, est celui de notre avenir commun dans la démocratie.

Notes

1. Tous égaux

1. Tocqueville Alexis de, *De la démocratie en Amérique* (1835), dans *Œuvres complètes*, Paris, Gallimard, 1961, t. I, p. 4.

2. *Ibid.*, t. II, p. 455.

3. Manent Pierre, *Cours familier de philosophie politique,* Paris, Fayard, 2001, p. 63. Pierre Manent est directeur d'études à l'École des hautes études en sciences sociales.

4. Tocqueville Alexis de, *op. cit.*, t. II, p. 173-174.

5. *Le Monde*, 3 mai 2006.

6. France 2, 4 mai 2006.

7. *Libération*, 10 mai 2006.

8. Tocqueville Alexis de, *op. cit.*, t. II, IIe partie, chap. II, p. 105.

9. *Ibid.,* p. 106.

10. Manent Pierre, *op. cit.*, p. 186.

11. « Prendre la parole », septembre 2005, Marian Goodman Gallery à Paris.

12. Erhenberg Alain, *Le Culte de la performance*, Paris, Hachette Littératures, Pluriel, 1991, p. 41.

13. Manent Pierre, *op. cit.*, p. 186-187.

14. Marcelli Daniel, *Les Yeux dans les yeux*, Paris, Albin Michel, 2006.

15. Bruckner Pascal, *La Tentation de l'innocence*, Paris, Grasset, 1995, p. 138.

2. Tous victimes

1. Selon les catégories introduites par Hannah Arendt, *Essai sur la révolution*, Paris, Gallimard, 1967.

2. Richard Rechtman est médecin-chef de l'Institut Marcel-Rivière, chercheur au Cesames, CNRS, université Paris-V. Le développement qui suit est directement inspiré de son article « Être victime, généalogie d'une condition clinique », *L'Évolution psychiatrique,* 67 : 775-795.

3. *Ibid.*, p. 784.

4. *Ibid.*, p. 785.

5. Zadje Nathalie, *Guérir de la Shoah*, Paris, Odile Jacob, 2005, p. 24.

6. Pour plus de détails sur le contexte et le contenu de ce symposium qui marque un renversement dans le statut du déporté racial, voir Chaumont Jean-Michel, *La Concurrence des victimes. Génocide, identité, reconnaissance*, Paris, La Découverte, Poche, 1997, 2002, p. 93-104.

7. « Jewish values in the post-Holocaust future : a symposium », *Judaism,* n° 3, été 1967, p. 266-299.

8. Ehrenberg Alain, Lovell Anne M., *La Maladie mentale en mutation*, Paris, Odile Jacob, 2001, p. 11.

9. Young Allan, *The Harmony of Illusions Inventing PTSD*, Princeton University Press, 1995.

10. *Libération*, 17 avril 2006, propos recueillis par Annette Lévy-Willard.

11. Summerfield Derek, « The invention of postraumatic stress disorder and the social usefulness of a psychiatric category », *Br. Med. J.*, 2001, 322 : 95-98.

12. Rechtman Richard, art. cit., p. 776.

13. Erhenberg Alain, Lovell Anne M., *op. cit.*, p. 16.

14. Colloque « Œuvres de justice et victimes », École nationale de la magistrature, 2005.

15. Taylor John, « Don't blame me », *New York*, 3 juin 1990.

3. Aider les victimes

1. Karsz Saül, « Tous des victimes ? Ponctuations sur l'idéologie victimaire », *Rhizome* n° 12, juillet 2003.

2. *Le Monde*, 4 mai 2004.

3. *Le Monde*, 29 septembre 2005.

4. *Le Figaro*, 25 octobre 2005.

5. *Le Monde*, 18 juin 2005.

6. Lebigot François, *Traiter les traumatismes psychiques*, Paris, Dunod, 2005.

7. *Ibid.*, p. 10-13.

8. *Ibid.*, p. 23.

9. *Ibid.*, p. 57.

10. Cf. chap. 6.

11. Crocq Louis, « La cellule d'urgence médico-psychologique. Sa création, son organisation, ses interventions », *Annales médico-psychologiques*, vol. 156, n° 1, 1998, p. 48-54.

12. Lebigot François, *op. cit.*, p. 183.

13. À ce sujet, on peut lire l'étude issue d'un travail de recherche du Cedrate (Centre de recherche et d'action sur les traumatismes et l'exclusion) missionné à Toulouse en 2002 par la Fondation de France après l'explosion de l'usine AZF le 21 septembre 2001 (trente morts et plus de six mille blessés) pour étudier les modes et les effets de l'intervention des divers acteurs de la solidarité dans le temps et non pas dans l'urgence : Pechikoff Stéphane, Doray Bernard, Douville Olivier, Gutton Philippe, *Toulouse/AZF. Essai sur le traumatisme et la tiercéité*, Paris, La Dispute, 2003.

14. Barrois Claude, dans Briole Guy *et al.*, *Traumatisme psychique : rencontre et devenir*, Congrès de psychiatrie et de neurologie de langue française, Paris, Masson, 1994, p. 75.

15. Gutton Philippe *et al.*, *Toulouse/AZF*, *op. cit.*, p. 56.

16. Davoine Françoise et Gaudillière Jean-Max, *Histoire et trauma. La folie des guerres*, Paris, Stock, 2006.

17. Lachal Christian, *Le Partage du traumatisme. Contre-transferts avec les patients traumatisés*, Paris, La Pensée sauvage, 2006.

18. Raimbault Ginette, *L'Enfant et la mort*, Toulouse, Privat, 1975, p. 201.

19. *Le Monde*, 16 août 2006, propos recueillis par Cyrille Louis.

20. Zajde Nathalie, *op. cit.*

4. Victime d'être femme

1. Ockrent Christine (dir.), *Le Livre noir de la condition des femmes*, Paris, XO éditions, 2006.

2. Bruckner Pascal, *op. cit.*

3. Jaspard Maryse, « Les violences conjugales en Europe », dans *Le Livre noir de la condition des femmes*, *op. cit.*, p. 250.

4. Linda MacLeod et Andrée Cadieux.

5. Enquête nationale sur les violences envers les femmes en France (ENVEFF) parue dans *Population et Sociétés*, n° 364, janvier 2001, « Nommer et compter les violences envers les femmes : une première enquête nationale en France ».

6. Vigarello Georges, *Histoire du viol, XVI-XXe siècle*, Paris, Le Seuil, 1998, p. 267.

7. Garapon Antoine, Gros Fréderic, Pech Thierry, *Et ce sera justice*, Paris, Odile Jacob, 2001, p. 279.

8. Erhenberg Alain, « Le harcèlement sexuel, naissance d'un délit », *Esprit*, n° 11, Paris, Le Seuil, novembre 1993, p. 73-98.

9. Sondage BVA en juin 2005 auprès de 1 300 personnes âgées de vingt à cinquante-neuf ans, paru dans *L'Express* le 20 juin 2005.

10. Au Canada, nombre d'enquêtes questionnent les hommes et les femmes. Chaque enquête comporte la critique de sa méthodologie. On peut se référer sur Internet à Leslie Tutty, *Violence à l'égard du mari, vue d'ensemble sur la recherche et les perspectives*, 1999.

11. Badinter Élisabeth, *Fausse route*, Paris, Odile Jacob, 2003.

12. Halimi Gisèle, « Le "complot" féministe », *Le Monde diplomatique*, août 2003.

13. Elaine Audet.

14. Erhenberg Alain, art. cit.

15. Vigarello Georges, *op. cit.*

16. « En Suède, des expulsions fêtées au champagne », *Le Monde,* 24 décembre 2005.

5. De l'enfant victime à l'enfant coupable

1. Yonnet Paul, *Le Recul de la mort,* Paris, Gallimard, 2006.

2. Gauchet Marcel, « L'enfant du désir », *Le Débat*, n° 132, Gallimard, nov.-déc. 2004. Léridon Henri, *Les Enfants du désir*, Paris, Julliard, 1995.

3. Ariès Philippe, *L'Enfant et la vie familiale sous l'Ancien Régime*, Paris, Le Seuil, 1973.

4. Un véritable continent, selon Alain Renaut, qui y a apporté une contribution importante : *La Libération des enfants. Contribution philosophique à une histoire de l'enfance*, Paris, Bayard/Calmann-Lévy, 2002.

5. Tocqueville Alexis de, *op. cit.*, t. III, p. 8.

6. Sur ce sujet, on peut lire le débat entre Pierre Manent et Alain Renaut dans : « Le lien familial », sous la direction de François de Singly et Sylvie Mesure, *Revue de philosophie et de sciences sociales*, n° 2, 2001, PUF, p. 185-205.

7. Roussel Louis, *La Famille incertaine,* Paris, Odile Jacob, 1989.

8. Théry Irène, *Le Démariage*, Paris, Odile Jacob, 1993.

9. Rapport de l'ODAS 2005.

10. *Ibid.* Le rapport décompose ce chiffre comme suit : 6 600 pour violences physiques, 2 500 pour violences psychologiques, 4 400 pour négligences graves, 5 500 pour violences sexuelles.

11. Garapon Antoine, « Leçons d'un automne belge », *Esprit*, n° 12, décembre 1996, Paris, Le Seuil, p. 137-149.

12. Notamment celui d'Éva Thomas, *Le Sang des mots*, Paris, Mentha, 1992 et *Le Viol du silence*, Paris, Aubier, 1986 (rééd. J'ai lu, 1989).

13. Salas Denis, « L'inceste, un crime généalogique », *Esprit*, n° 12, décembre 1996.

14. *Ibid.*, p. 127.

15. Collectif Pas de 0 de conduite-Albert Jacquart, *Pas de zéro de conduite pour les enfants de 3 ans !*, Ramonville-St-Agne, Érès, 2006.

16. Wajcman Gérard, « Voici le bébé délinquant », *Le Monde*, 3 mars 2006.

17. Colloque du 21 mars 2003 ayant pour thème « Les enfants pauvres en France », organisé par le CERC (Conseil de l'emploi, des revenus et de la cohésion sociale), la DREES (Direction de la recherche, des études, de l'évaluation et des statistiques), la CNAF (Caisse nationale d'allocations familiales) et le CGP.

6. La victime, moyen de réparation du lien social

1. Interview dans *Elle* le 27 juin 2005, citée par Michel Richard, *La République compassionnelle*, Paris, Grasset, 2006.

2. Ramaut Dorothée, *Journal d'un médecin du travail*, Paris, Éd. du Cherche-Midi, 2006.

7. Quelle justice pour les victimes ?

1. Résolution 30/34 du 11 décembre 1986 de l'Assemblée générale des Nations unies, portant déclaration des principes fondamentaux de justice relatifs aux victimes de la criminalité et aux victimes d'abus de pouvoir.

2. Bruckner Pascal, *op. cit.*

3. Cité dans Perrault Gilles, *Le Pull-Over rouge*, Paris, Ramsay, 1979.

8. La place des victimes sur la scène pénale

1. Allinne Jean-Pierre, « Œuvre de justice et victimes », in *La Cour d'assises*, Association française pour l'histoire de la justice, Paris, La Documentation française, février 2001.

2. Kriegel Blandine, *Les Chemins de l'État*, Paris, Calmann-Lévy, 1986, et Daniel Soulez Larivière, *Grand soir pour la justice*, Paris, Le Seuil, 1997.

3. Foucault Michel, *Surveiller et punir*, Paris, Gallimard, 1993.

4. Salas Denis, *op. cit.*

9. Un effet de leurre

1. Voir, sur le sujet du lynchage, le film de référence *The Oxbow Incident* (en français *L'Étrange Incident*) de William A. Wellman, avec Anthony Quinn et Henry Fonda, 1942.

2. Salas Denis, « Sisyphe devant ses juges », dans *Notre justice*, Paris, Robert Laffont, 2002.

3. Négrier-Dormont Lygia et Tzitzis Stamatios, *Criminologie de l'acte et philosophie pénale*, Paris, Litec, 1994, p. 99 et suiv.

10. Un phénomène universel

1. Cf. « La guerre des Balkans et le déshonneur occidental. Retour sur Srebrenica », table ronde avec Pierre Hassner, Jacques Massé et Sylvie Matton, *Esprit*, Paris, Le Seuil, juillet 2006.

2. Voir l'intéressant témoignage de Rony Brauman, ancien président de MSF, dans Brauman Rony et Portevin Catherine, *Penser dans l'urgence*, Paris, Le Seuil, 2006.

3. Bettati Mario, *Le Droit d'ingérence*, Paris, Odile Jacob, 1996.
4. Cf. « La guerre des Balkans et le déshonneur occidental. Retour sur Srebrenica », *op. cit.*
5. Voir l'émission de Daniel Schneidermann, *Arrêt sur image*, France 5, 23 avril 2006, qui décortique complètement cette affaire et sa présentation par les médias.
6. Maya Nescovic, *ibid.*
7. Favila, chronique dans *Les Échos*, 19 avril 2006.
8. Canal +, *Journal*, 18 avril 2006.
9. Arendt Hannah, *Eichmann à Jerusalem. Rapport sur la banalité du mal*, Paris, Gallimard, 1966, Folio, 1996, p. 495.

11. Un danger pour les victimes elles-mêmes

1. Actes du colloque « Les délits non intentionnels : la loi Fauchon, cinq ans après » du 1er mars 2006, réunissant avocats, magistrats, associations de victimes et hommes politiques. *Les Actes*, Sénat, 2006.
2. Cf. communication de Jacques Faget, chargé de recherches au CNRS, École nationale de la magistrature, Paris, 2005.
3. Gandreault Arlène, enquête canadienne et article sur les limites de la justice réparatrice, École nationale de la magistrature, Paris, 2005.
4. *Le Figaro*, 22 septembre 2006.
5. Worms Frédéric, « Au-delà de la concurrence des victimes », *Esprit*, Paris, Le Seuil, février 2006.

Conclusion

1. *Le Journal du dimanche*, 1er octobre 2006, à propos de la manifestation des victimes de l'amiante devant la tour Montparnasse le 30 septembre.

Bibliographie

Apostolides Jean-Marie, *Héroïsme et victimisation. Une histoire de la sensibilité*, Paris, Exils, 2003.

Arendt Hannah, *Eichman à Jerusalem. Rapport sur la banalité du mal*, Paris, Gallimard, 1966 ; *Essai sur la révolution*, Paris, Gallimard, 1967.

Aubenas Florence, *La Méprise,* Paris, Le Seuil, 2005.

Audet Jean, Katz Jean-François, *Précis de victimologie générale,* Paris, Dunod, 2006.

Badinter Élisabeth, *Fausse route*, Paris, Odile Jacob, 2003.

Berger Maurice, *L'Échec de la protection de l'enfance*, Paris, Dunod, 2003.

Bettati Mario, *Le Droit d'ingérence*, Paris, Odile Jacob, 1996.

Biasi Pierre-Marc de, *Lexique de l'actuel*, Paris, Calmann-Lévy, 2005.

Boulay Alain (dir.), *Victimes… De l'image à la réalité*, Paris, L'Harmattan, 2003.

Brauman Rony, Portevin Catherine, *Penser dans l'urgence*, Paris, Le Seuil, 2006.

Briole Guy *et al.*, *Traumatisme psychique : rencontre et devenir,* Congrès de psychiatrie et de neurologie de langue française, Paris, Masson, 1994.

Bruckner Pascal, *La Tentation de l'innocence,* Paris, Grasset, 1995.

Canault Nina, *Comment paye-t-on les fautes de ses ancêtres ?*, Paris, Desclée de Brouwer, 1998.

Cario Robert, *Victimologie, de l'effraction du lien intersubjectif à la restauration sociale*, Paris, L'Harmattan, 2006.

Cario Robert (dir.), *Victimes : du traumatisme à la restauration*, Paris, L'Harmattan, 2003.

Cario Robert, Mbanzoulou Paul, *La victime est-elle coupable ? Autour de l'œuvre d'Ezzat Abdel Fattah*, Paris, L'Harmattan, 2004.

Cario Robert, Salas Denis (dir.), *Œuvre de justice et victimes. Droit, justice, victimologie*, Paris, L'Harmattan, 2001.

Chaumont Jean-Michel, *La Concurrence des victimes. Génocide, identité, reconnaissance*, Paris, La Découverte, Poche, n° 124, 2002.

Collectif Pas de 0 de conduite-Albert Jacquard, *Pas de zéro de conduite pour les enfants de 3 ans !*, Ramonville-Saint-Agne, Érès, 2006.

Crocq Louis, *Les Traumatismes psychiques de guerre,* Paris, Odile Jacob, 1999.

Daligand Liliane, *L'Enfant et le Diable. Accueillir et soigner les victimes de violences*, Paris, L'Archipel, 2004.

Damiani Carole, *Les Victimes. Violences publiques et crimes privés*, Paris, Bayard, 1997.

Davoine Françoise, Gaudillière Jean-Max, *Histoire et Trauma. La folie des guerres*, Paris, Stock, 2006.

Delpech Thérèse, *L'Ensauvagement*, Paris, Grasset, 2005.

DSM IV TR, *Manuel diagnostique et statistique des troubles mentaux*, texte révisé par l'American Psychiatric Association, Paris, Masson, 2003.

Dumont Louis, *Essais sur l'individualisme,* Paris, Le Seuil, Points essais, nouvelle éd. 1991.

Erhenberg Alain, *Le Culte de la performance*, Paris, Hachette Littératures, Pluriel, 1991.

Erhenberg Alain, Lovell Anne M., *La Maladie mentale en mutation, Psychiatrie et société,* Paris, Odile Jacob, 2001.

Ferenczi Sandor (1918), « Psychanalyse des névroses de guerre », dans *Psychanalyse, t. III : 1919-1926*, Paris, Payot, 1974, p. 27-43.

Filizzola Gina, Lopez Gérard, *Victimes et victimologie*, Paris, PUF, Que sais-je ?, 1995.

Foucault Michel, *Surveiller et punir*, Paris, Gallimard, 1993.

Freud Sigmund (1915), *Considérations actuelles sur la guerre et la mort*, dans *Essais de psychanalyse*, Paris, Petite Bibliothèque Payot, p. 7-39, 1981.

Freud Sigmund (1920), *Au-delà du principe de plaisir*, dans *Essais de psychanalyse*, Paris, Petite Bibliothèque Payot, p. 42-115, 1981.

Freud Sigmund (1930), *Le Malaise dans la culture*, Paris, PUF, 2004.

Freud Sigmund, Breuer J. (1895), *Études sur l'hystérie*, Paris, PUF, 1953.

Gaillard Jacques, *Des psychologues sont sur place*, Paris, Mille et une nuits, 2003.

Garapon Antoine, Gros Fréderic, Pech Thierry, *Et ce sera justice*, Paris, Odile Jacob, 2001.

Hirigoyen Marie-France, *Le Harcèlement moral dans la vie professionnelle*, Paris, Pocket, n° 11413, 2001.

Kriegel Blandine, *Les Chemins de l'État*, Paris, Calmann-Lévy, 1986.

Lachal Christian, *Le Partage du traumatisme. Contre-transferts avec les patients traumatisés*, Paris, La Pensée sauvage, 2006.

Lebigot François, *Traiter les traumatismes psychiques*, Paris, Dunod, 2005.

Le Boulaire Marie-Ange, *Le Viol*, Paris, Flammarion, 2002, J'ai lu, n° 7376, 2004.

Léridon Henri, *Les Enfants du désir*, Paris, Julliard, 1995.

Lopez Gérard, Portelli Serge, Clément Sophie, *Les Droits des victimes*, Paris, Dalloz, 2003.

Manent Pierre, *Cours familier de philosophie politique*, Paris, Fayard, 2001.

Marcelli Daniel, *Les Yeux dans les yeux*, Paris, Albin Michel, 2006.

Ockrent Christine (dir.), *Le Livre noir de la condition des femmes*, Paris, XO éditions, 2006.

Pechikoff Stéphane, Doray Bernard, Douville Olivier, Gutton Philippe, *Toulouse/AZF*, Paris, La Dispute, 2004.

Raimbault Ginette, *L'Enfant et la Mort*, Toulouse, Privat, 1975.

Raimbault Ginette, *Parlons du deuil*, Paris, Payot, 2004.

Ramaut Dorothée, *Journal d'un médecin du travail*, Paris, Éd. du Cherche-Midi, 2006.

Renaut Alain, *La Libération des enfants. Contribution philosophique à une histoire de l'enfance*, Paris, Bayard/Calmann-Lévy, 2002.

Richard Michel, *La République compassionnelle*, Paris, Grasset, 2006.

Roussel Louis, *La Famille incertaine*, Paris, Odile Jacob, 1989.

Rudetzki Françoise, *Triple peine*, Paris, Calmann-Lévy, 2004, Le Livre de poche, n° 30282, 2005.

Salas Denis, *La Volonté de punir. Essai sur le populisme pénal*, Paris, Hachette Littératures, 2005.

Singly François de, Mesure Sylvie (dir.), « Comprendre le lien familial », *Revue de philosophie et de sciences sociales*, n° 2, Paris, PUF, 2001.

Sopo Dominique, *S.O.S. Antiracisme*, Paris, Denoël, 2005.

Soulez Larivière Daniel, *Justice pour la justice*, Paris, Le Seuil, 1990 ; *Grand soir pour la justice*, Paris, Le Seuil, 1997.

Soulez Larivière Daniel (et Dalle Hubert), *Notre justice*, Paris, Robert Laffont, 2002.

Straus Pierre, Manciaux Michel, *L'Enfant maltraité*, Paris, Fleurus, 2003.

Théry Irène, *Le Démariage*, Paris, Odile Jacob, 1993.

Thomas Éva, *Le Sang des mots*, Paris, Mentha, 1992 ; *Le Viol du silence*, Paris, Aubier, 1986, rééd. J'ai lu, 1989.

Tocqueville Alexis de (1835), *De la démocratie en Amérique*, dans *Œuvres complètes*, Paris, Gallimard, 1961.

Tzitzis Stamatios, *La Personne. Criminel et victime*, Presses de l'université de Laval (Québec), 2005.

Tzitzis Stamatios, Négrier-Dormont Lygia, *Criminologie de l'acte et philosophie pénale*, Paris, Litec, 1994.

Vigarello Georges, *Histoire du viol, XVI-XXe siècle*, Paris, Le Seuil, 1998.

Yonnet Paul, *Le Recul de la mort. L'avènement de l'individu contemporain*, Paris, Gallimard, 2006.

Zadje Nathalie, *Guérir de la Shoah*, Paris, Odile Jacob, 2005.

Remerciements

Nos remerciements vont à Mathilde-Mahaut Nobécourt qui nous a réunis et a su nous accompagner tout au long de ce travail.

Table

Des mêmes auteurs

DE CAROLINE ELIACHEFF

Les Indomptables, figures de l'anorexie (avec Ginette Raimbault), Odile Jacob, 1989.

À corps et à cris : être psychanalyste avec les tout-petits, Odile Jacob, 1993.

Vies privées : de l'enfant roi à l'enfant victime, Odile Jacob, 1997.

Mères-filles, une relation à trois (avec Nathalie Heinich), Albin Michel, 2002.

La Famille dans tous ses états, Albin Michel, 2004.

DE DANIEL SOULEZ LARIVIÈRE

L'Avocature, Ramsay, 1982.

Les Juges dans la balance, Ramsay, 1987.

Justice pour la justice, Le Seuil, 1990.

Du cirque médiatico-judiciaire et des moyens d'en sortir, Le Seuil, 1993.

Paroles d'avocats, Hermann, 1994.

Grand soir pour la justice, Le Seuil, 1997.

Dans l'engrenage de la justice, Albin Michel, 1998.

Lettres à un jeune avocat, Balland, 1999.

Notre justice. Le livre vérité de la justice française (avec Hubert Dalle, sous la direction de), Laffont, 2002.

La Justice à l'épreuve (avec Jean-Marie Coulon), Odile Jacob, 2002.

Composition IGS
Impression Bussière, décembre 2006
Éditions Albin Michel
22, rue Huyghens, 75014 Paris
www.albin-michel.fr

ISBN 978-2-226-17514-4
N° d'édition 24785 N° d'impression 064357/4
Dépôt légal janvier 2007
Imprimé en France.